随身查
——财务人员必会的
200个专业公式

罗 浩 编著

中国铁道出版社

CHINA RAILWAY PUBLISHING HOUSE

内 容 简 介

本书是一本专门详细介绍财务工作中会遇到的各类计算公式的查询手册。全书共10章，可分为基础与日常工作计算公式、成本收入计算公式和财务报表分析公式这3个部分，包括理论公式、现金、资产与负债、应收应付款、筹资与投资活动、方案可行性、成本与费用、税费、收入与利润分配以及财务报表等多方面内容。

本书共涵盖200个财务常用公式，内容全面，案例丰富，非常适合想要系统了解财会工作中各种计算方法的人士使用，对刚进入财会行业的工作人员也有很大的辅助意义。同时，对于想要在财会工作中有更深入研究的工作者也有参考和利用的价值。

图书在版编目（CIP）数据

随身查. 财务人员必会的200个专业公式：案例版 /
罗浩编著. —北京：中国铁道出版社，2018.7
ISBN 978-7-113-24546-7

Ⅰ.①随… Ⅱ.①罗… Ⅲ.①财务管理－基本知识
Ⅳ.①F23

中国版本图书馆CIP数据核字（2018）第108155号

书　　名：随身查——财务人员必会的200个专业公式（案例版）
作　　者：罗　浩　编著

策划编辑：王　佩　　　　　　　读者热线电话：010-63560056
责任编辑：张亚慧　王　佩
责任印制：赵星辰　　　　　　　封面设计：仙境

出版发行：中国铁道出版社（100054，北京市西城区右安门西街8号）
印　　刷：三河市宏盛印务有限公司
版　　次：2018年7月第1版　　　2018年7月第1次印刷
开　　本：700mm×1 000mm　1/16　印张：17　字数：235千
书　　号：ISBN 978-7-113-24546-7
定　　价：49.80元

相信很多正在学习财会知识的同学和正在从事财会工作的职场人员都知道，财会工作就是天天与数字打交道。会计账户的金额、支出、收入和应交税费等，都需要财会人员在登记会计凭证的同时进行计算。

由于财会工作的复杂性，导致计算工作也比较复杂，很多时候财会人员容易混淆各种计算公式，进而核算出错误的结果。这不仅会影响财会人员后续的工作效率，还会影响管理者由此作出的决策。

复杂的会计核算工作使得财会人员长期苦恼于不能快速完成上级下派的任务，财会工作者就急需要系统地学习财会工作中会用到的各种计算公式。不仅是财会从业者，很多正在就读会计专业的学生也希望能全面系统地学习财务工作中会用到的计算公式。

财务公式涉及的面很广，不仅有日常记账和统计所需的计算公式，还有一些投融资活动需要用到的相关公式，优秀的财会人员会通过多方面掌握计算方法来提高自身的工作效率。

为了能帮助广大财会工作者和财会知识学习者系统且清晰地掌握常用的财务公式，同时为这些人群强化对财会知识的记忆，从而在当下或以后的财会工作中做到游刃有余，我们编写了本书，全书共收集了200个超常用、超重要的财务公式，力求让读者能做到学以致用。

主要内容

本书总共10章内容，主要从基础和日常工作、成本费用、收入和利润以及财务报表等方面详细而系统地讲解常用的财务计算公式，具体内容安排如下图所示。

基础公式

第1章 财会基础原理公式
第2章 现金管理公式
第3章 应收应付账项的往来管理公式
第4章 资产负债情况核算公式

业务活动公式

第5章 筹资与投资活动的核算公式
第6章 投融资方案的风险与可行性分析公式
第7章 成本和费用的管理与控制公式
第8章 各种税费计算公式

收益与报表公式

第9章 收入与利润分配公式
第10章 财务报表分析公式

基础公式主要包括三部分：一些基础理论公式和常用的日常经营管理公式；业务活动公式主要是经营活动、投资和筹资活动等过程中需要用到的核算公式，比如投融资方案的可行性分析公式以及经营过程中涉及的税费计算公式等；收益与报表公式主要包括收入和利润分配公式及财务报表分析公式。这三部分的财务公式均由简单到复杂进行列示和讲解，循序渐进地引导读者掌握理论知识和实用的财务公式。

内容特点

涉及的方面广
总结财会工作中方方面面会涉及的计算公式，囊括了基础理论和投融资可行性分析等难度不同的公式。

公式多而不杂
书中所涉及的计算公式，都有明确的板块分区，每一章节中的公式之间也很注重前后逻辑关系的连接。

一对一的案例解析
书中大量列举与正文对应的案例，计算过程清晰易懂，让读者学习一个公式就切实掌握一项业务。

读者对象

本书很适合想要系统学习财务公式的人群使用，尤其是正在会计专业就读的学生；同时，本书还可以作为正在从事财会工作的人参考使用，对于一些核算岗位的工作者来说也非常实用。通过本书的学习，相信广大读者都能从中获益。

编　者
2018年3月

随身查

财务人员必会的200个专业公式（案例版）

Search 财会基础原理公式 🔍

　　学习财务，除了要掌握各种理论知识外，还必不可少地要接触很多计算公式。为了更好地理解"财务"，我们必须先掌握一些基础原理公式，以此为基础，延伸出其他财务公式，共同协助财会人员顺利完成财会工作。

NO.001 统领财会工作的会计恒等式

会计核算的对象是会计要素，而会计要素包括6类：资产、负债、所有者权益、收入、利润和费用。这些要素之间存在等式关系，反映要素之间内在的经济关系，而统领财会工作的基本会计恒等式如下。

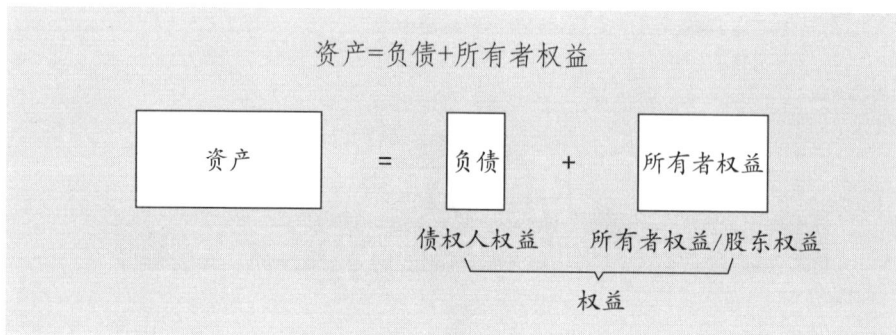

案例分析
资产负债表能直接反应会计恒等式

红枫制造公司2017年12月31日按规定编制了资产负债表，其部分信息如表1-1所示。

表1-1

资产负债表

编制单位：红枫制造公司　　　　2017年12月31日　　　　　单位：元

资　　产	年初数	期末数	负债和所有者权益（或股东权益）	年初数	期末数
流动资产：	-	-	流动负债：	-	-
货币资金	-	393306.87	短期借款	-	469000
交易性金融资产			应付票据		49000
应收票据	-	136550	应付账款	-	690810.45
应收账款		800002	预收款项		47000
预付账款		9000	应付职工薪酬		480500
应收利息			应交税费		198795

应收股利	–	–	应付利息	–	32000
其他应收款	–	35000	应付股利	–	–
存货	–	1527364.4	其他应付款	–	13700
流动资产合计	–	2901223.27	流动负债合计	–	1980805.45
长期应收款	–	–	长期应付款	–	401500
长期股权投资	–	340000	递延所得税负债	–	–
固定资产	–	1700500	非流动负债合计	–	401500
在建工程	–	521000	负债合计	–	2382305.45
工程物资	–	329000	所有者权益:		
固定资产清理	–	–	实收资本（股本）	–	1800000
无形资产	–	–	资本公积	–	530012
长期待摊费用	–	–	盈余公积	–	203378.1
递延所得税资产	–	–	未分配利润	–	876027.72
非流动资产合计	–	2890500	所有者权益合计	–	3409417.82
资产总计	–	5791723.27			

资产总计为5791723.27元，负债总计为2382305.45元，所有者权益总计为3409417.82元，2382305.45+3409417.82=5791723.27，所以资产=负债+所有者权益。

NO.002 收入、费用与结余

统领财会工作的基本会计等式还有利润、费用和收入之间的数量关系，其对利润表的编制有辅助作用，公式如下。

$$利润（结余）=收入-费用$$

利润（结余）	=	收入	–	费用

该公式为动态等式，直观地反映企业当期发生的收入和费用，如果收入大于费用，即盈利；如果收入小于费用，即亏损。

案例分析
利润表反映经营成果会计等式

红枫制造公司2017年11月利润表的部分信息如表1-2所示。

表1-2

利润表

编制单位：红枫制造公司　　　　　2017年11月　　　　　　　　　单位：元

项　　目	行次	本期数	本年累计数
一、营业收入	1	152000	–
减：营业成本	2	62400	–
销售费用	4	23885	–
管理费用	5	61700	–
财务费用	6	2340	–
二、营业利润（亏损以"–"号填列）	10	1675	–
加：营业外收入	11	10000	–
减：营业外支出	12	5000	–
三、利润总额（亏损以"–"号填列）	14	6675	–
减：所得税费用	15	0	–
四、净利润（亏损以"–"号填列）	16	6675	–

从上表可看出，净利润为6675元，各种收入共162000（152000+10000）元，各种费用、成本和支出共155325元（62400+23885+61700+2340+5000），162000-155325=6675，即利润=收入-费用。

NO. 003　期中损益尚未结转时的会计恒等式

静态会计恒等式为"资产=负债+所有者权益"，动态会计恒等式为"利润=收入-费用"。在静态会计恒等式中，所有者权益包括实收资本、资本公积、盈余公积和未分配利润，其中未分配利润包括本年利润和利润分配。所以，在期中，收入和费用还没有进行期末结转之前，一般将静态会计恒等式与动态会计恒等式进行融合，形成一个综合会计等式，具体情况如下。

资产=负债+所有者权益+利润

⬇ 融合

资产=负债+所有者权益+（收入-费用）

⬇ 变形

资产+费用=负债+所有者权益+收入

（1）等式两边的要素同时增加，增加金额相等，等式保持平衡。

【例】红枫制造公司收到投资者投入25万元资金，已存入银行。等式的变化如图1-1所示。

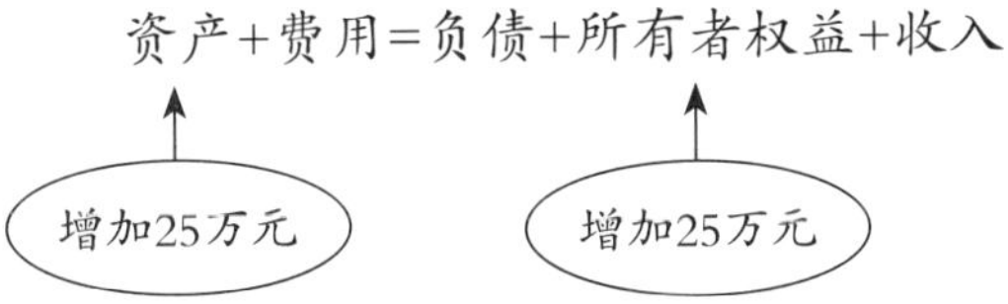

资产+费用=负债+所有者权益+收入

增加25万元　　　增加25万元

图1-1

（2）等式两边的要素同时减少，减少金额相等，等式保持平衡。

【例】红枫制造公司用银行存款偿还应付给A公司的原料货款18000元（应付账款）。等式的变化如图1-2所示。

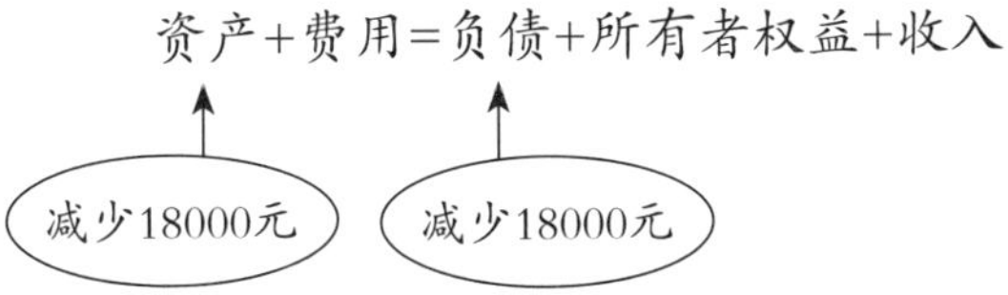

资产+费用=负债+所有者权益+收入

减少18000元　　减少18000元

图1-2

（3）等式左边要素有增有减，增减金额相等，等式保持平衡。

【例】红枫制造公司的第一生产车间领用原材料10000元。等式的变化如图1-3所示。

$$资产+费用=负债+所有者权益+收入$$

减少10000元　　　　增加10000元

图1-3

（4）等式右边的要素有增有减，增减金额相等，等式保持平衡。

【例】红枫制造公司与B公司协商，决定将向B公司借得的借款6万元转作投资，此时等式变化如图1-4所示。

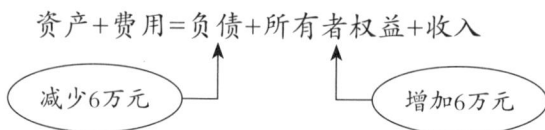

$$资产+费用=负债+所有者权益+收入$$

减少6万元　　　　增加6万元

图1-4

NO.004 货币资金是三大类流动资金的合计数

在资产负债表的"资产"列中，只有"货币资金"这一项目，而没有"银行存款""库存现金"和"其他货币资金"项目，所以在进行会计核算时，货币资金包含这三大类流动资金，公式如下。

货币资金=银行存款+库存现金+其他货币资金

案例分析

现金存入账户不会引起企业货币资金总额的变化

李倩是红枫制造公司的一名出纳人员，2017年11月30日，在下班前将当天超出库存现金最高限额的3000元现金及时存入了公司的银行账户。这一行为将导致库存现金数额减少，而银行存款数额增加。对于货币资金总额的影响如图1-5所示。

货币资金=银行存款+库存现金+其他货币资金

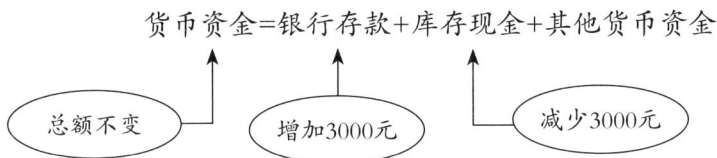

(总额不变)　(增加3000元)　(减少3000元)

图1-5

NO.005 权责发生制下账户的期末余额计算方法

在权责发生制的会计核算原则下，使用的记账方法为"借贷记账法"，以"借"和"贷"为记账符号，在两个或两个以上的账户中，以相反方向、相等金额进行记录，也称为复式记账法。

遵循该原则记账时，需要依据"资产=负债+所有者权益"这一会计恒等式，账户中登记的当期增加金额称为"本期增加发生额"；登记的当期减少金额称为"本期减少发生额"；增减相抵后的差额称为"余额"，按时间不同分为"期初余额"和"期末余额"，基本关系如下。

期末余额=期初余额+本期增加发生额-本期减少发生额

本期借方发生额=在本会计期间某会计账户借方发生额的合计数

本期贷方发生额=在本会计期间某会计账户贷方发生额的合计数

本期期初余额=上期期末余额

（1）资产类账户的计算公式

期末余额=期初余额+借方本期发生额合计-贷方本期发生额合计

用T形账户格式来表示该类账户的核算结果，如图1-6所示。可以看出，该类账户的期末余额一般在借方。

借方	资产类账户	贷方
期初余额		
本期增加额	本期减少额	
……	……	
本期借方发生额合计	本期贷方发生额合计	
期末余额		

图1-6

案例分析

"银行存款"账户的期末余额

红枫制造公司2017年11月银行存款账户的期初余额为32万元，当期用银行存款支付了1.8万元的原材料货款，但未收到银行的收账通知，所以当期贷方发生额合计1.8元，借方发生额合计0元，则期末余额=320000+0−18000=302000（元）。

在T形账户中，"本期增加额"为0，"本期减少额"为18000，"期末余额"为302000。如图1-7所示。

借方	银行存款	贷方
期初余额：320000		
本期增加额	本期减少额	
0	18000	
本期借方发生额合计：0	本期贷方发生额合计：18000	
期末余额：302000		

图1-7

（2）负债类账户的计算公式

期末余额=期初余额−借方本期发生额合计+贷方本期发生额合计

用T形账户格式来表示该类账户的核算结果，如图1-8所示。可以看出，该类账户的期末余额一般在贷方。

借方	负债类账户	贷方
	期初余额	
本期减少额	本期增加额	
……	……	
本期借方发生额合计	本期贷方发生额合计	
	期末余额	

图1-8

案例分析

"应付账款"账户的期末余额

红枫制造公司2017年12月向A公司购买了一批新的原材料，含税价为11700元。双方约定在收到A公司开具的增值税专用发票后再付款，则此时会形成应付账款，计入负债类账户，因此，当期贷方发生额合计为11700元，假设借方发生额为0，期初余额为15万元，则期末余额=150000-0+11700=161700（元）。

在T形账户中，"本期减少额"为0，"本期增加额"为11700，"期末余额"为161700。如图1-9所示。

借方	应付账款	贷方
	期初余额：150000	
本期减少额	本期增加额	
0	11700	
本期借方发生额合计：0	本期贷方发生额合计：11700	
	期末余额：161700	

图1-9

（3）所有者权益类账户公式

期末余额=期初余额-借方本期发生额合计+贷方本期发生额合计

该类账户的T形账户格式类似于负债类账户，这里就不再展示效果。同样，该类账户的期末余额一般在贷方。

案例分析
"实收资本"账户的期末余额

假设红枫制造公司2017年12月引入新股东，投入资金20万元，即"实收资本"账户有增加额，所以该账户的"本期增加额"为200000，"本期贷方发生额合计"为200000，若实收资本期初余额200万元，则期末余额=2000000-0+200000=2200000（元）。

在T形账户中需要填列为如图1-10所示的样子。

借方	实收资本	贷方
本期减少额 0	期初余额：2000000 本期增加额 200000	
本期借方发生额合计：0	本期贷方发生额合计：200000 期末余额：2200000	

图1-10

（4）收入类账户公式

期末余额=期初余额-借方本期发生额合计+贷方本期发生额合计

该类账户的T形账户格式也与负债类账户类似，期末余额一般在贷方。注意，"营业利润""利润总额"和"净利润"等属于收入类账户。

案例分析
"净利润"账户的期末余额

红枫制造公司2017年11月销售甲产品获得净利润50000元，销售乙产品亏损了5000元，则借方登记"本期利润减少额"5000，贷方登记"本期利润增加额"50000。

因此，在T形账户中，"本期借方发生额合计"为5000，"本期贷方发生额合计"为50000。假设期初余额为80000元（贷方），则期末余额＝80000－5000+50000=125000（元），余额在贷方，如图1-11所示。

借方	净利润	贷方
		期初余额：80000
本期减少额		本期增加额
5000		50000
本期借方发生额合计：5000		本期贷方发生额合计：50000
		期末余额：125000

图1-11

（5）费用类账户公式

期末余额=期初余额+借方本期发生额合计-贷方本期发生额合计

用T型账户来表示该类账户的核算结果，其期末余额可能在借方，也可能在贷方。

案例分析
"管理费用"账户的期末余额

红枫制造公司2017年11月发生了管理费用支出，总计10000元，同时还盘盈了一些原材料，价值为3000元。所以，当月该公司管理费用增加的10000元计入借方，而盘盈的原材料冲销管理费用，即3000元计入贷方（减少数）。

假设公司的"管理费用"账户的期初余额为借方2000元，相应地，在T形账户中应这样填列："本期借方发生额合计"为10000，"本期贷方发生额合计"为3000，"期末余额"为9000元（2000+10000-3000），如图1-12所示。

借方	管理费用	贷方
期初余额：2000 本期增加额 10000		本期减少额 3000
本期借方发生额合计：10000 期末余额：9000		本期贷方发生额合计：3000

图1-12

（6）成本类账户公式

期末余额=期初余额+借方本期发生额合计-贷方本期发生额合计

该类账户的T形账户与资产类账户类似，期末余额一般在借方。

案例分析

"主营业务成本"账户的期末余额

红枫制造公司2017年11月发生主营业务成本9万元，应计入"主营业务成本"账户的借方，T形账户中的"本期借方发生额合计"为90000。假设该月该账户期初余额为90万元，则期末余额=900000+90000-0=990000（元）。如图1-13所示。

借方	主营业务成本	贷方
期初余额：900000 本期增加额 90000		本期减少额 0
本期借方发生额合计：90000 期末余额：990000		本期贷方发生额合计：0

图1-13

NO.006 收付实现制下各类账目的平衡公式

会计核算的另一种原则为"收付实现制"，即无论经济业务责任是否发生，只有当实际收到或支付款项时才记账，对应的记账方法为"收付记账法"。该方法以"收""付"为记账符号，在我国一般用该方法进行会计工作预算。

根据记账主体的不同，收付实现制下的记账方法有：资金收付记账法、财产收付记账法和现金收入记账法。

◆ 资金收付记账法

该方法以预算资金的活动能力为记账主体，账户分为资金来源、资金运用和资金结存这3类，主要涉及发生额和余额的计算。记账规则为"同收、同付、有收有付"，相关计算公式如下。

资金结存类账户收方发生额合计-资金结存类账户付方发生额合计=资金来源及运用类账户收方发生额合计-资金来源及运用类账户付方发生额合计

资金结存类账户收方余额合计=资金来源类账户收方余额合计-资金运用类账户付方余额合计

◆ 财产收付记账法

该方法以钱物的活动为记账主体，账户分为收入、付出和结存这3类，其中，结存类账户也称为主体账户，收入类和付出类账户统称为分类账户，主要涉及发生额和余额的计算。记账规则为"同收、同付，有收有付"，注意与资金收付记账法的记账规则做好区分。相关计算公式有以下两个。

结存类账户收方发生额合计-结存类账户付方发生额合计=收入类和付出类账户收方发生额合计-收入类和付出类账户付方发生额合计

结存类账户收方余额合计=收入类和付出类账户收方余额合计-收入类和付出类账户付方发生额合计

◆ 现金收付记账法

该方法以现金为记账主体，按照复式记账原理设置账户，分为资金来源类、资金占用类及资金来源与占用共同类这3类账户。每个账户都设有"收方"和"付方"，凡是资金来源增加、占用减少，记收方；资金来源减少、占用增加，记付方。主要涉及发生额与余额的计算。

记账规则为"有收必有付。有付必有收，收付必相等"，即每笔经济业务或转账业务都要同时记收、付两个或两个以上的账户，收付双方金额必相等。

> 全部总分类账户收方发生额合计=全部总分类账户付方发生额合计
>
> 全部总分类账户收方余额合计=全部总分类账户付方余额合计

NO. 007 实收资本与注册资本的数量关系

实收资本是企业实际收到的资本金，注册资本是企业向工商局申请注册时申报的资本金。我国实行的是注册资本制度，要求企业的实收资本和注册资本要一致。

但在实际经营过程中，企业实收资本与注册资本有可能不相等。若实收资本比原注册资本数额增减超过20%，则应持资金使用证明或验资证明，向原登记主管机关申请变更登记。

企业在接受投资者投入资金时，可以分次筹集，所有者最后一次投入企业的资本必须在营业执照签发之日起6个月内缴足。也就是说，在某一特定期间内，企业实收资本可能小于其注册资本的数额。

当投资者的出资额超出其注册资本金额时，超出的部分一般计入资本公积，以及直接计入所有者权益的利得。所以，实收资本和注册资本之间的数量关系可以用下列计算公式表示。

实收资本-注册资本=资本公积（含利得）

实收资本	-	注册资本	=	资本公积

案例分析

投资者增加投入，是变更登记还是计入资本公积

红枫制造公司最初成立时各股东总共投资1000万元，并以此资本注册登记。近几年发展较好，吸引了很多投资者的眼球。2018年1月，公司接受了一位投资者的投资资金20万元，引起公司实收资本从1000万元到1020万元的变化。

由于20＜1000×20%，所以不需要进行变更登记。但按照我国注册资本制度的规定，实收资本与注册资本要一致，因此，多出的20万元就应计入"资本公积"账户。

如果这位投资者的投资资金为200万元，即200=1000×20%，此时企业需要按规定持资金使用证明或验资证明，向原登记主管机关申请变更登记，相应地，注册资本就从原来的1000万元变为1200万元。

NO. 008 编制试算平衡表的试算平衡公式

试算平衡是指通过账户余额或发生额合计数之间的平衡关系，检验记账工作是否正确的一种方法。试算平衡有两种计算方法：一是账户发生额试算平衡法；二是账户余额试算平衡法。

◆账户发生额试算平衡法

在借贷记账法下，根据"有借必有贷，借贷必相等"的记账规则，所有账户的当期借方发生额合计与所有账户当期贷方发生额合计必然相等，可用如下公式表示这样的关系。

全部账户本期借方发生额合计=全部账户本期贷方发生额合计

◆ 账户余额试算平衡法

根据当期所有账户借方余额合计与贷方余额合计的恒等关系，检验当期账户记录是否正确。根据余额时间不同，分为期初余额平衡和期末余额平衡，相关计算公式如下。

全部账户的借方期初余额合计=全部账户的贷方期初余额合计

全部账户的借方期末余额合计=全部账户的贷方期末余额合计

案例分析
编制试算平衡表，查看发生额与余额是否平衡

如表1-3所示的是红枫制造公司2018年4月初有关账户余额情况。

表1-3

资产	借方余额	负债和所有者权益	贷方余额
库存现金	1200	短期借款	15000
银行存款	860000	应付账款	320000
原材料	250000	实收资本	692910
		资本公积	83290
合　计	1111200	合　计	1111200

已知该公司4月发生了如下经济业务。

①从银行提取现金5000元备用（银行存款贷方，库存现金借方）。

②购入某原材料40000元，货款尚未支付，增值税税率为16%（原材

料借方，应交税费借方，应付账款贷方）。

③收到C公司投入的货币资金15万元，存入银行（银行存款借方，实收资本贷方）。

④用银行存款归还前欠应付账款50000元（应付账款借方，银行存款贷方）。

⑤向某商业银行借入短期借款30000元，用来偿还应付账款（应付账款借方，短期借款贷方）。

⑥经协商，将所欠D公司的账款80000元转作本企业的资本（应付账款借方，实收资本贷方）。

⑦用银行存款5800元支付广告费（其他应付款借方，银行存款贷方）。

⑧请维修公司维修办公楼设备，花费修理费40000元，款项未支付（管理费用借方，其他应付款贷方）。

⑨资本公积10000元转增资本（资本公积借方，实收资本贷方）。

⑩用银行存款35万元归还短期借款10万元，偿还前欠货款25万元（短期借款借方，应付账款借方，银行存款贷方）。

根据上述经济业务编制试算平衡表，如表1-4所示。

表1-4

试算平衡表

会计科目	期初余额		本期发生额		期末余额	
	借方	贷方	借方	贷方	借方	贷方
库存现金	1200		5000		6200	
银行存款	860000		150000	410800	599200	
原材料	250000		40000		290000	
短期借款		15000	100000	30000		55000
应付账款		320000	410000	46400		43600

续表

会计科目	期初余额		本期发生额		期末余额	
	借方	贷方	借方	贷方	借方	贷方
实收资本		692910		240000		932910
资本公积		83290	10000			73290
管理费用			40000		40000	
其他应付款			5800	40000		34200
应交税费			6400		6400	
合计	1111200	1111200	767200	767200	1040400	1040400

财会人员需要注意，在试算平衡表中，全部账户借方期初余额合计、全部账户本期发生额合计和全部账户期末余额合计这三者之间没有数量关系。

NO. 009 企业未达账项的调节公式

由于企业与银行取得凭证的实际时间不同，导致记账时间不一致，因而会发生一方已取得结算凭证且已登记入账，而另一方未取得结算凭证且未入账的情况，进而产生未达账项。主要有如图1-14所示的两类。

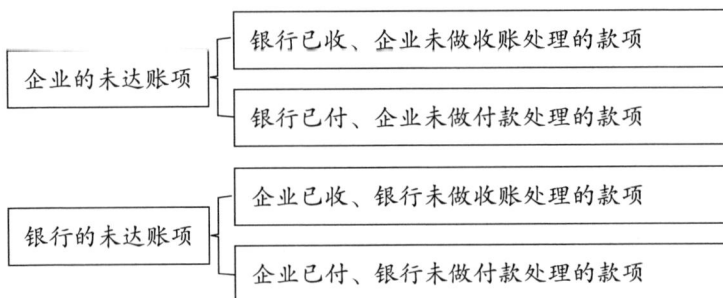

```
                      ┌─ 银行已收、企业未做收账处理的款项
企业的未达账项 ──────┤
                      └─ 银行已付、企业未做付款处理的款项

                      ┌─ 企业已收、银行未做收账处理的款项
银行的未达账项 ──────┤
                      └─ 企业已付、银行未做付款处理的款项
```

图1-14

为了加强银行存款的管理，财会人员要经常与银行核对账目，且至少每月一次。核对账目时，未达账项一般通过编制"银行存款余额调节表"来进行检查，而编制过程中需要用到如下计算公式。

$$企业账面存款余额=企业账面银行存款余额-银行已付而企业未付账项+银行已收而企业未收账项$$

$$银行调节后的存款余额=银行对账单存款余额-企业已付而银行未付账项+企业已收而银行未收账项$$

案例分析

编制银行存款余额调节表，调节未达账项

红枫制造公司2018年6月30日账面上的银行存款余额为70.8万元，当日银行对账单显示的余额为90.6万元，逐笔核对后发现以下未达账项。

①6月6日，公司委托银行收款23.1万元，银行已于10日收到，但未及时通知公司。

②6月14日，银行代扣当月水电费16500元，公司未接到付款通知。

③6月20日，公司将一张金额为97500元的转账支票送存银行，但银行没有及时入账。

④6月29日，公司开出一张金额为81000元的转账支票，用于购买生产机器，银行没有及时入账。

编制的银行存款余额调节表如表1-5所示。

表1-5

银行存款余额调节表
2018年6月30日

项目	金额（元）	项目	金额（元）
银行存款日记账余额	708000	银行对账单余额	906000
加：银行已收、公司未收款	231000	加：公司已收、银行未收款	97500
减：银行已付、公司未付款	16500	减：公司已付、银行未付款	81000
调节后余额	922500	调节后余额	922500

NO. 010 除二法查找并调整错账

在记账过程中，财会人员容易将借贷方记反，或将红蓝字记反，这样的错账有一定规律：正误数据之差一定是偶数，可用计算公式求得错账数，具体如下。

错账数=正误数据的差数÷2

如果正误数据的差数是奇数，则一般没有记账反向的可能，就需要考虑其他产生错账的原因。

案例分析
利用除二法，倒推查找错账

比如，红枫制造公司2017年11月，原有原材料库存6000元，又购进一批并入库，价值1000元，应在"原材料"账户借方登记1000元，期末余额应为借方7000元。结果，记账人员将这1000元记在了"原材料"账户的贷方，致使期末借方余额只有5000元，与正确的余额相差2000元。当我们在发现这个2000元的数据差时：

商数=2000÷2=1000

查账时就可直接查找有无1000元的业务记错了科目方向。如果没有找到相应的业务，再进行另外原因的错账查找。

运用除二法得出的商数很可能有小数点，这时需要有两种分析思路：一是账目中确实有带小数的数据出错；二是错账不是由借贷方记反造成的。

NO. 011 除九法查找并调整错账

很多财会人员都有粗心大意的毛病，在记账过程中容易将数字的顺序输错，或者在录入数据时不小心移动了数字的位置，导致错账。这类错账的检查和计算方法通常与"9"或"99"有关，计算公式如下。

> 错数的十位数和个位数之差＝正误数据的差数÷9
>
> 错数的百位数和个位数之差＝（正误数据的差数÷99）的商数各个位数之和
>
> 错数的百位数和个位数之差＝（正误数据的差数÷999）的商数各个位数之和
>
> 如果正误数据的差数不能被"9""99"或"999"等整除，则说明错账原因很可能不是数字颠倒造成的。

案例分析
利用除九法，倒推查找错账

比如，红枫制造公司2017年11月的科目汇总表中，本期借方发生额合计为1893960元，而本期贷方发生额合计为1896930元。

借贷方差额＝1896930－1893960＝2970（元）

商数＝2970÷99＝30

颠倒数字之间的差＝3+0=3

接下来，财会人员就可以在会计资料中查找千位数与十位数颠倒的数据，且颠倒数字之间差为3。比如，4114和1144，5124和2154，6134和3164，7144和4174，8154和5184，9164和6194。

在查账时只要检查出这些数字中的一个，我们就可验证是否是对应的业务数据数字填写颠倒了。

财会人员在根据除九法进行数学运算时，得出的商数还有可能是三位数，此时就不是千位数与十位数之间发生颠倒了。

拓展学习 *概述除九法的规律*

①当差数除以9的商数为1、2、3、4、5、6、7、8或9时，可能的数据颠倒情况为：十位数与个位数颠倒。

②当差数除以9的商数为10、20、30、40、50、60、70、80或90时，可能的数据颠倒情况为：百位数与十位数颠倒。

③当差数除以9的商数为100、200、300、400、500、600、700、800或900时，可能的数据颠倒情况为：千位数与百位数颠倒。

④当差数除以99的商数为1、2、3、4、5、6、7、8或9时，可能的数据颠倒情况为：百位数与个位数颠倒。

⑤当差数除以99的商数为10、20、30、40、50、60、70、80或90时，可能的数据颠倒情况为：千位数与十位数颠倒。

⑥当差数除以99的商数为100、200、300、400、500、600、700、800或900时，可能的数据颠倒情况为：万位数与百位数颠倒。

⑦当差数除以999的商数为1、2、3、4、5、6、7、8或9时，可能的数据颠倒情况为：千位数与个位数颠倒。

⑧当差数除以999的商数为10、20、30、40、50、60、70、80或90时，可能的数据颠倒情况为：万位数与十位数颠倒。

⑨当差数除以999的商数为100、200、300、400、500、600、700、800或900时，可能的数据颠倒情况为：十万位数与百位数颠倒。

以此类推可看出，9、99和999决定颠倒位数之间相差的位数，比如9决定颠倒位数之间只相差一个位数，十位与个位颠倒、百位与十位颠倒或千位与百位颠倒；而倍数是否有0，且0有几个，将决定数字颠倒的最小位的位置，比如没有0，十位与个位颠倒、百位与个位颠倒或千位与个位颠倒；有一个0，百位与十位颠倒、千位与十位颠倒或万位与十位颠倒；有两个0，千位与百位颠倒、万位与百位颠倒或十万位与百位颠倒。

随身查

财务人员必会的200个专业公式（案例版）

2

Search | 现金管理公式 | 🔍

　　作为企业的财会人员，不仅要掌握基本的财会原理公式，还要懂得管理现金，为企业做好现金预算和运用等规划性工作。而在对现金运用进行规划的过程中，免不了要接触一些与现金有关的计算公式。

NO.12 找出使总成本最低的现金持有量

NO.13 存货模型确定最佳现金持有量

NO.14 遵循现金流的随机性确定最佳现金持有量

NO.15 计算最佳现金周期来确定最佳现金持有量

NO.16 以分析调整法预测当期资金需要量

NO.17 通过销售和资产的增长关系预测未来资金需要量

．．．．．．．．．．．．

NO.012 找出使总成本最低的现金持有量

企业持有现金，会减少投资机会，进而损失投资收益，这是一种持有现金的隐性成本；而企业持有的现金不足，会导致资金周转不灵，进而浪费时间，损失客户，这也是一种隐性成本。这两方面的成本呈此起彼伏状态，所以，企业要确定使总成本最低的现金持有量，公式如下。

最佳现金持有量=min（管理成本+机会成本+短缺成本）

上述公式中，各要素的含义如表2-1所示。

表 2-1

相关成本	含义	与现金持有量的关系
管理成本	因持有一定数量的现金而发生的管理费用	一般认定为固定成本
机会成本	因持有一定现金而丧失的再投资收益	正相关
短缺成本	因现金持有量不足且无法及时通过有价证券变现加以补充而给企业造成的损失	负相关

运用该方式确定企业最佳现金持有量时，需要结合使用如图2-1所示的成本模型分析图。

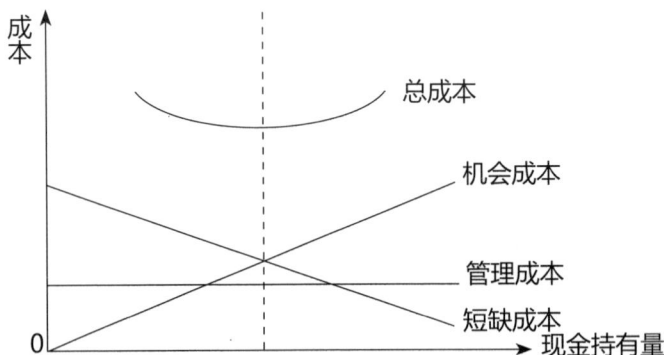

图2-1

根据上图所示的成本与现金持有量的关系，企业要找到使总成本最低时的现金持有量，称为最佳现金持有量。由图可知，减少现金持有量会增加短缺成本、减少机会成本；增加现金持有量会减少短缺成本、增加机会成本。

案例分析
分析成本，选择最佳现金持有方案

红枫制造公司的现金管理人员给出了4种现金持有方案，各自的持有量、管理成本、机会成本和短缺成本如表2-2所示。假设现金的机会成本率为10%。

表2-2

方案	A	B	C	D
现金持有量	20000	35000	50000	75000
管理成本	15000	15000	15000	15000
机会成本	2000	3500	5000	7500
短缺成本	10000	5750	2000	0
持有总成本	27000	24250	22000	22500

由表可知，该公司最佳现金持有方案为C方案，最佳现金持有量为50000元，此时持有现金的总成本最低，即22000元。

NO. 013 存货模型确定最佳现金持有量

当企业持有的现金量不是最佳状态时，为了降低持有总成本，会将现金与有价证券进行转换，降低现金的持有成本或短缺成本。但在转换过程中又会发生交易成本，也会使现金持有总成本增加，计算公式如下。

现金余额的总成本=持有成本+现金交易成本
=现金年均余额×有价证券利率+变现次数×有价证券每次交易成本
$=C/2 \times K + T/C \times F$

> 式中，C：现金最高持有量；K：有价证券利率；T：企业所需要的现金总量；F：有价证券每次转换成本。假设总成本为0，通过各种数学运算，得出最佳现金持有量的计算公式如下。
>
> $$最佳现金持有量C=\sqrt{(2T\times F)/K}$$

【例】红枫制造公司预计一个月内所需现金为100万元，准备变现一些短期证券来获得这些现金。已知证券一次变现费用为150元，证券市场的年利率为7%，那么，最佳现金持有量=$\sqrt{(2\times 1000000\times 150)/7\%}$=65465.37（元）。

NO. 014 遵循现金流的随机性确定最佳现金持有量

在实际工作中，企业的现金流量一般具有很大的不确定性。莫顿·米勒和丹尼尔·奥尔创建了一种能在现金流入量和流出量每日随即波动的情况下确定最佳现金持有量的模型，即米勒-奥尔模型。他们假定企业每日现金净流量服从正态分布，每日现金流量可能低于、高于或等于期望值。

由于现金流量波动是随机的，所以只能对现金持有量确定一个控制区域，定出上限和下限。如图2-2所示的是最佳现金持有量的随机模型。

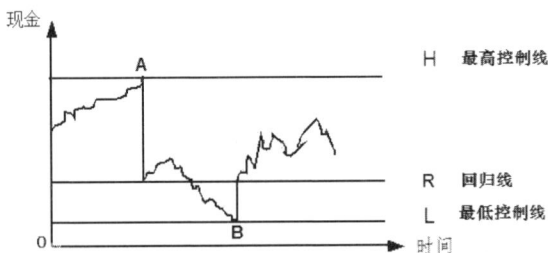

图2-2

上图中，下限L的设置是根据企业对现金短缺风险愿意承受的程度来确定的。企业现金余额在上、下限之间随机波动，即处于L～H之间时，不会发生现金与有价证券的转换交易；当现金余额升至上限H时，比如A点，企业需要购入R～H单位的有价证券，使现金余额降至R；当现金余额降至下限L时，比如B点，企业需要售出R～L单位的有价证券，使现金余额回升至R。回归线R值的确定可按下列公式进行计算。

$$R=[3b \times \sigma^2 \div (4i)]^{1/3}+L$$

式中，b：证券转换为现金或现金转换为证券的成本；σ：企业每日现金流变动的标准差；i：以日为基础计算的现金机会成本；L：现金持有量的控制下限。由此可推导出上限H的计算公式。

$$H=3R-2L$$

运用随机模型求出的最佳现金持有量最符合生产经营的随机性，即现金收支是随机的，所以该方法适合所有企业测算自身的最佳现金持有量，但该方法计算出来的现金持有量比较保守。

案例分析
控制现金持有量的上下限，确定最佳现金持有量

红枫制造公司于2016年10月8日和10月11日分别购进了一批金额为10万元和8万元的聚乙烯原材料，

红枫制造公司的财务部经理决定通过随机模型确定公司的最佳现金持有量，并对自身企业愿意承受现金短缺风险的程度进行了预估，将L值定为10000元，同时估计现金流量标准差σ为1000元。持有现金的年机会成本为15%，换算为i值是0.00039，证券转换成本b为150元。

$R=[3 \times 150 \times 1000^2 \div (4 \times 0.00039)]^{1/3}+10000$

$=[450000000 \div 0.00156]^{1/3}+10000=6607.38+10000=16607.38$（元）

$H=3R-2L=3 \times 16607.38-2 \times 10000=49822.14-20000=29822.14$（元）

所以，该公司的最佳现金持有量为16607.38元。若现金持有量达到

29822.14元，则需要买进13214.76元（29822.14−16607.38）的证券；若现金持有量为10000元，则需要卖出6607.38元（16607.38−10000）的证券。

NO.015 计算最佳现金周期来确定最佳现金持有量

除了专业的模型分析法确定最佳现金持有量外，企业还可从现金周转的角度出发，根据现金周转速度来确定最佳现金持有量。具体的计算公式如下。

现金周转期=存货周转期+应收账款周转期−应付账款周转期

现金周转率=经营周期÷现金周转期

最佳现金持有量=年现金需求量÷现金周转率

案例分析
由最佳现金周期推导最佳现金持有量

红枫制造公司预计自身的存货周转期为160天，应收账款周转期为60天，应付账款周转期为90天，预计全年需要现金量为600万元。

现金周转期=160+60−90=130（天）

现金周转率=360÷130=2.77（次）≈3次

最佳现金持有量=6000000÷3=2000000（元）

NO.016 以分析调整法预测当期资金需要量

分析调整法即因素分析法，是一种以有关项目的基期年度的平均资金需要量为基础，根据预测年度的生产经营任务和资金周转加速的要求，进行分析调整，进而预测资金需要量的方法。该方法计算简便，但预测结果不太精确，通常用于品种繁多、规格复杂或资金用量较少的项目，具体计算公式如下。

> 资金需要量=（基期年度资金平均占用额-不合理资金占用额）×（1±预测期销售增减率）×（1±预测期资金周转速度变动率）
>
> （1±预测期销售增减率）：如果销售预测增长，就用"+"；反之，用"-"。
>
> （1±预测期资金周转速度变动率）：如果资金周转加速，就用"-"；反之，用"+"。

案例分析

分析并调整影响因素，预测资金需要量

已知红枫制造公司上年度的资金平均占用额为510万元，经分析，其中不合理部分为80万元，预计本年度销售增长率为8%，资金周转加速5%。那么预测本年度资金需求量如下。

预测本年度资金需要量=（5100000-800000）×（1+8%）×（1-5%）
=4300000×1.08×0.95=4411800（元）

NO. 017 通过销售和资产的增长关系预测未来资金需要量

通过销售和资产的增长关系来预测未来资金需要量，这种做法称为销售百分比法。

具体操作是：在分析年度资产负债表有关项目与销售额关系的基础上，根据市场调查和销售预测取得的资料，确定资产、负债和所有者权益的有关项目占销售额的百分比，然后依据计划期销售额和假定不变的百分比关系，预测计划期资金需要量。计算公式如下。

外部融资需要量=敏感性资产增加额-敏感性负债增加额-预期利润留存

　　　　　=敏感性资产总额占销售收入的百分比×销售收入增
　　　　　　长额-敏感性负债总额占销售收入的百分比×销售收
　　　　　　入增长额-预期利润留存

　　　　　=$Z/S_0 \times \Delta S - F/S_0 \times \Delta S - P \times E \times S_1$

　　　　式中，Z：随销售变化的敏感性资产，一般包括库存现金、应收账款和存货等；F：随销售变化的敏感性负债，一般包括应付账款、应付票据和应交税费等；S_0：基期销售额；ΔS：销售变动额；P：销售净利率；E：利润留存率；S_1：预测期销售额。

案例分析

提取资产负债表中的数据，预测企业外部融资时需要多少资金

　　如表2-3所示的是红枫制造公司2015年度资产负债表的部分数据。

表2-3

资产负债表（简略）　　　　　　　　　　　　　单位：万元

资产	金额	负债和所有者权益	金额
库存现金	5000	短期借款	10000
应收账款	20000	应付账款	10000
存货	25000	预提费用	12500
固定资产净值	30000	公司债券	10000
		实收资本	25000
		留存收益	12500
资产合计	80000	负债和所有者权益合计	80000

　　假设该公司2015年销售收入为150000万元，销售净利率为10%，股利支付率为65%，现有生产能力未饱和，增加销售无需追回固定资产投资。预测2016年该公司的销售收入将提高到180000万元，企业销售净利率和利润分配政策等均不变。

　　敏感性资产=5000+20000+25000=50000（万元）

　　随销售变动的资产与销售额的百分比Z/S_0=50000÷150000=33.33%

敏感性负债=10000+12500=22500（万元）

随销售变动的负债与销售额的百分比F/S_0=22500÷150000=15%

预计销售增长额=180000−150000=30000（万元）

销售增长率=30000÷150000=20%

需要增加的资金=新增变动资产+新增非流动资产−新增变动负债

$$=30000×33.33\%+0−30000×15\%=5499（万元）$$
$$≈5500（万元）；$$

或用变动资产增加额减变动负债增加额计算需要增加的资金

$$=50000×20\%−22500×20\%=5500（万元）$$

对外筹资额=需要增加的资金−预计留存利润

$$=需要增加的资金−预计销售净利率×（1−股利支付率）$$
$$=5500−[180000×10\%×（1−65\%）]=−800（万元）$$

由此可知，该企业不需要进行外部融资。

NO. 018 资金习性预测法确定产销量对资金占用量的影响

资金习性指资金的变动与产品产销数量变动之间的依存关系，按照习性可将资金分为不变资金、变动资金和半变动资金。

◆ **不变资金**：一定产销范围内，不受产销量变动影响而保持固定不变的那部分资金。

◆ **变动资金**：随产销量变动而成同比例变动的那部分资金。

◆ **半变动资金**：虽然受产销量变动影响，但不成同比例变动的资金。

企业用高低点法分别求出各资金占用项目（如现金、存货、应收账款和固定资产等）和资金来源项目的不变资金a和变动资金b，然后汇总并计算出a和b，进而预测资金需要量。相关公式如下。

$$y=a+bx$$

x为产销量，y为资金占用量

b=（最高收入期资金占用量-最低收入期资金占用量）÷（最高销售收入-最低销售收入）

a=最高收入期资金占用量-b×最高销售收入

案例分析

采用高低点法预测企业的资金需要量

某企业2011～2015年的产销量和资金占用数量的历史资料如表2-4所示，预计2016年产销量会达到10万件。

表2-4

某企业产销量与资金占用量表

年度	产量（万件）	资金占用量（万元）
2011	8.5	700
2012	8	690
2013	7.5	680
2014	9	730
2015	9.5	750

b=（750-680）÷（9.5-7.5）=35（元/件）

将2013年的数据代入y=a+bx中，求得a=y-bx=680-35×7.5=417.5（万元），建立方程式为y=417.5+35x

那么，预计2016年产销量为10万件时，资金需要量=417.5+35×10=767.5（万元）

NO. 019 现金流量表中的"销售商品和提供劳务收到的现金"

现金流量表是一张专门反映企业经营过程中现金收支情况的报表，其中的项目需要经过稍微复杂的计算才能获得，比如"销售商品和提供劳务收到的现金"项目，计算公式如下。

销售商品和提供劳务收到的现金金额＝营业收入＋销项税额＋（应收账款期初余额-应收账款期末余额）＋（应收票据期初余额-应收票据期末余额）＋（预收账款期末余额-预收账款期初余额）-坏账准备的调整金额-票据转让的调整金额-其他特殊项目的调整金额

也就是说，无论企业收到的现金是营业收入、代扣代缴的销项税额或收回的应收账款等，还是预收的现金、坏账准备的调整金额或其他特殊项目的调整金额等，只要引起了企业现金流量的变化，且都与销售商品和提供劳务有关，都将计入"销售商品和提供劳务收到的现金"项目中。

案例分析
采用分析填列的方法核算"销售商品和提供劳务收到的现金"

某股份有限公司2016年的资产负债表部分内容如表2-5所示。

表2-5

资产负债表

编制单位：××股份有限公司　　　　2016年12月31日　　　　单位：元

资产	年初数	年末数	负债和所有者权益（或股东权益）	年初数	年末数
存货	60000	60000	—	—	—
应收账款	179460	358920	应付账款	1490820	1548000
应收票据	147600	39600	应付票据	572280	572280
预付账款	60000	120000	—	—	—

由资产负债表统计出的相关明细资料如下。

①存货中生产成本和制造费用的组成：职工薪酬194940元，折旧费48000元。

②应交税费的组成：本期增值税进项税额25479.6元，增值税销项税额127500元，已交增值税60000元；应交所得税期末余额12058.2元，应

交所得税期初余额为0；应交税费期末数额中应由在建工程负担的部分为60000元。

利润表中，营业收入为75万元，营业成本45万元，统计出的资产减值损失的组成：本年计提坏账准备540元，本年计提固定资产减值准备18000元，上年年末坏账准备余额为540元。

根据以上资料，采用分析填列的方法计算现金流量表中的"销售商品和提供劳务收到的现金"如下。

销售商品、提供劳务收到的现金＝营业收入＋销项税额＋（应收账款年初余额－应收账款年末余额）＋（应收票据年初余额－应收票据年末余额）－当期计提的坏账准备－票据贴现的利息

销售商品、提供劳务收到的现金＝750000＋127500＋（179460－358920）＋（147600－39600）－540－18000＝787500（元）

由案例可知，企业财会人员在填列现金流量表的相关项目时，需要用到分析法，这是因为每一个项目不能单纯地以收到的现金数额或支出的现金数额进行核算。

NO.020 现金流量表中的"购买商品和接受劳务支付的现金"

与"销售商品和提供劳务收到的现金"项目类似，"购买商品和接受劳务支付的现金"项目也不管收到现金的途径，只要与购买商品和接受劳务有关，涉及的现金都计入该项目中，计算公式如下。

购买商品和接受劳务支付的现金金额＝营业成本＋进项税额＋（应付账款期初余额－应付账款期末余额）＋（应付票据期初余额－应付票据期末余额）－（预付账款期初余额－预付账款期末余额）－（存货期初余额－存货期末余额）－职工薪酬调整项目＋坏账准备调整项目－其他特殊事项调整项目

"购买商品和接受劳务支付的现金"项目核算的是流出企业的现金量，即现金流出量；而"销售商品和提供劳务收到的现金"项目核算的是流入企业的现金量，即现金流入量。

案例分析

核算现金流量表中的"购买商品和接受劳务支付的现金"项目

以NO.019中的案例为例，核算公司现金流量表中的"购买商品和接受劳务支付的现金"项目。

购买商品和接受劳务支付的现金=营业成本+进项税额+（应付账款年初余额－应付账款年末余额）+（应付票据年初余额－应付票据年末余额）－（预付账款年初余额－预付账款年末余额）－（存货年初余额－存货年末余额）－当期列入生产成本和制造费用的职工薪酬－当期列入生产成本和制造费用的折旧费与固定资产修理费

购买商品和接受劳务支付的现金=450000+25479.6+（1490820－1548000）+（572280－572280）－（60000－120000）－（60000－60000）－48000－194940=235359.6（元）

NO.021 现金预算有利于做出正确的筹资或归还借款决定

现金预算是以业务预算和专门决策预算为依据编制的，是一种财务预算，专门反映预算期内现金的收入和支出，以及为了满足理想现金余额而进行筹资或归还借款的预算。现金预算工作由可供使用资金、现金支出、现金余缺及现金筹措和运用这4部分组成，相关计算公式如下。

可供使用现金=期初现金余额+现金收入

现金余缺=可供使用现金-现金支出

期末现金余额=现金余缺+现金筹措-现金运用

其中，"期初现金余额"是在编制预算时预计的，下一会计年度/下一季度/下个月的期初现金余额=上一会计年度/上一季度/上个月的期末现金余额。"现金收入"的来源主要是销货取得的现金收入，而销货取得的现金收入数据又来自销售预算。"现金支出"指的是预期的各项现金支出。

案例分析

做现金预算，看企业是否需要筹资

红枫制造公司在2018年4～6月的销售额分别为19万元、18万元和20.5万元，预计7月销售额为20万元。已知该公司每月的销售收入有75%能在当月收现，15%能在次月收现，10%在第3个月收讫，不存在坏账。

假设红枫制造公司销售的产品在流通环节需要缴纳增值税，税率为16%，并在当月以现金缴纳。公司7月末现金余额为0.04万元，应付账款余额为2.5万元（需在8月末前付清），不存在其他应收应付款项。7月有关预计资料如下。

采购材料4万元（当月付70%），工资及其他支出4.2万元（用现金支付），制造费用4万元（其中折旧费用等非付现费用为2万元），销售费用和管理费用0.5万元（用现金支付），预交所得税0.95万元，购买设备6万元（用现金支付）。现金不足时，通过向银行借款来解决，要求7月末现金余额不得低于0.05万元。

7月经营性现金流入=18×10%+20.5×15%+20×75%=19.875（万元）

7月经营现金流出=4×70%+2.5+4.2+（4-2）+0.5+0.95+6=18.95（万元）

现金余缺=0.04+19.875-18.95=0.965（万元）

由于0.965>0.05，所以该企业不用向银行借款。

7月末应收账款余额=20.5×10%+20×25%=7.05（万元）

NO. 022 现金营运指数

现金营运指数是指经营现金流量与经营所得现金的比值，相关计算公式如下。

现金营运指数=经营现金净流量÷经营所得现金=（经营所得现金-经营性营运资产净增加）÷经营所得现金

经营现金净流量=净收益+非经营活动税后净损失（-净收益）+折旧、摊销+营运资本净减少（-净增加）

经营所得现金=经营净收益+各项折旧、减值准备等非付现费用

现金营运指数反映企业的现金回收质量，同时也可衡量风险。理想的现金营运指数应为1。小于1的现金营运指数反映企业部分收益没有取得现金，而是停留在实物或债权形态，实物或债权资产的风险远远大于现金。现金营运指数越小，以实物或债权形式存在的收益占总收益的比重就越大，收益的质量也就越差。

案例分析

购进原材料时要交城市维护建设税

红枫制造公司2016年净利润为1500万元，计提的各项资产减值准备共600万元，计提的固定资产折旧为450万元，处置固定资产的收益为30万元，财务费用（借款利息）共22.5万元，投资收益36万元，存货增加45万元，经营性应收项目增加57万元，经营性应付项目增加78万元。所得税税率为25%。

经营所得现金=1500+600+450=2550（万元）

经营性营运资产净增加=（30-22.5+36）×（1-25%）=32.625（万元）

其他实物或债权形态的资产增加=45+57-78=24（万元）

现金营运指数＝（2550−32.625−24）÷2550=0.98

由此可知，该公司2016年的现金营运指数与1相差不远，说明当年公司的现金营运状况良好，经营收益的质量比较高。

拓展学习 "经营现金净流量"与现金流量表中的"经营活动现金净流量"的区别

现金流量表中，经营活动现金净流量（经营活动现金流量净额）的计算公式如下。

经营活动现金净流量=全部净利润−非经营税前利润+折旧与摊销±营运资本变动

=（经营税前利润+非经营税前利润）×（1−所得税税率）−非经营税前利润+折旧与摊销±营运资本变动

=经营税前利润×（1−所得税税率）+非经营税前利润×（1−所得税税率）−非经营税前利润+折旧与摊销+营运资本变动

=经营现金净流量−非经营所得税+折旧与摊销+营运资本变动

由此可见，如果"−非经营所得税+折旧与摊销+营运资本变动"的值为正数，则现金流量表中的"经营活动现金净流量"值比现金营运指数中的"经营现金净流量"值大；如果"−非经营所得税+折旧与摊销+营运资本变动"的值为负数，则现金流量表的"经营活动现金净流量"值比现金营运指数中的"经营现金净流量"值小。

随身查
财务人员必会的200个专业公式（案例版）

3

Search 应收应付账项的往来管理公式

　　企业之间的交易与合作对于双方来说就是往来管理，这其中会涉及赊销/赊购，即销售方先把货物卖给购货方，但购货方不立即支付货款的行为，这时会产生应收应付款项。企业对于应收应付款项的管理要特别重视，防止发生严重的坏账损失。

NO. 023 资产负债表中的"应收账款"与"其他应收款"

应收账款指企业在正常经营过程中因销售商品或提供劳务，应向购买单位收取的款项，包括应由购买单位或接受劳务的单位负担的税费、代购买方垫付的各种运杂费等。

其他应收款是企业应收款项的另一重要组成部分，该科目核算企业除买入返售金融资产、应收账款、应收票据、预付账款、应收股利、应收利息、应收代为追偿款、应收分保账款、应收分保合同准备金、其他应收款和长期应收款等以外的其他各种应收及暂付款项。

在编制资产负债表时，"应收账款"和"其他应收款"科目的填列需要用到如下计算公式。

> 应收账款（总）=应收账款（借）＋预收账款（借）-应计提应收账款的"坏账准备"
>
> 其他应收款（总）=其他应收款-应计提其他应收款的"坏账准备"

对于上述公式可以这样理解：应收账款是资产类科目，它的余额应该在借方，如果在贷方，实际上表示的是应付账款；预收账款是负债类科目，它的余额应该在贷方，如果在借方，实际上表示的是企业的一项债权，可表示为应收账款。所以，在填列资产负债表时，"应收账款"科目包含了"预收账款"的借方余额。另外，"应计提应收账款的坏账准备"似乎从资产中排除掉了，但它没有流出企业，所以还是企业的一项资产，归集到"应收账款"科目中。

其他应收款只有其自身一种表示类型，所以在填列资产负债表时只考虑其自身"其他应收款"借方余额和对应的坏账准备，不涉及另外科目的借贷方数据。

案例分析
分析法填列资产负债表中的"应收账款"项目

某公司2016年12月31日统计出了相关账户的余额情况，具体如下。

①"在途物资"账户借方余额22500元；"库存商品"账户借方余额18350元；"原材料"账户借方余额3900元；"周转材料"账户借方余额3000元。

②"应收账款——X公司"借方余额50350元，"应收账款——Y公司"贷方余额1000元。当月应计提坏账准备为8000元。

③"应付账款——Z公司"贷方余额42500元，"应付账款——C公司"借方余额9800元。

④"预收账款——D公司"贷方余额38000元，"预收账款——E公司"借方余额10000元。

⑤"长期借款"总账余额为60000元，其中，有22500元将在2017年4月偿还。

⑥"应付债券"总账余额在贷方，金额为20万元，其中，有13.5万元将在2017年6月30日到期。

那么，应收账款（总账）=50350+10000-8000=52350（元），余额在借方。数据填入资产负债表中"应收账款"科目的"期末数"栏，如表3-1所示。

表3-1

资产负债表

编制单位：××公司　　　　2016年12月31日　　　　单位：元

资　　产	年初数	期末数	负债和所有者权益（或股东权益）	年初数	期末数
……	……	……	……	……	……
应收账款	-	52350			
……	……	……	……	……	……

NO.024 计算填列资产负债表中的"预付账款"

预付账款是企业按照购货合同的规定，预先以货币资金或货币等价物支付给供应商的款项。借方登记企业向供货商预付的货款，贷方登记企业收到所购物品应结转的预付货款。

本科目期末借方余额，反映企业已经预付的款项；贷方余额，反映企业尚未补付的商品或劳务款项。填列资产负债表时，核算该科目需要借助如下计算公式。

> 预付账款（总）＝应付账款（借）＋预付账款（借）

预付账款表面上使资金流出企业，但购买的商品所有权属于企业，所以该科目是资产类科目而不是负债类科目。所以在填列资产负债表时，"预付账款"项目应包含自身的借方余额。

应付账款是典型的负债类科目，其期末余额一般在贷方，表示欠款增加；如果余额在借方，说明企业已将应付账款支付完，同时还多支付了一些货款，也就相当于"预付账款"，所以，资产负债表中的"预付账款"项目应包含"应付账款"科目的借方余额。

【例】以NO.23中的案例为例，计算填列资产负债表中的预付账款。

预付账款（总账）=9800+0=9800（元），余额在借方。数据填入资产负债表中"预付账款"科目的"期末数"栏，如表3-2所示。

表3-2

资产负债表

编制单位：××公司　　　　　2016年12月31日　　　　　单位：元

资　　产	年初数	期末数	负债和所有者权益（或股东权益）	年初数	期末数
……	……	……	……	……	……
应收账款	－	52350			

续表

资　　　产	年初数	期末数	负债和所有者权益 （或股东权益）	年初数	期末数
预付账款	－	9800			
……	……	……	……	……	……

NO.025 计算填列资产负债表中的"长期待摊费用"

"长期待摊费用"科目用来核算企业已经支出，但摊销期限在一年（不含）以上的各项费用，包括固定资产修理支出、租入固定资产的改良支出及摊销期限在一年以上的其他待摊费用。在填列资产负债表时，该科目的核算要用到如下计算公式。

> 长期待摊费用＝长期待摊费用的期末余额-将于一年或一年内摊销的数额

资产负债表中已经没有"待摊费用"这一科目，一般也不设置这一科目。而原来该科目核算的就是"将于一年或一年内摊销的数额"，它不属于长期待摊费用，所以要从长期待摊费用中扣除，差额才能作为最终的长期待摊费用计入资产负债表中的"长期待摊费用"项目中。

案例分析

新会计准则下，资产负债表中的待摊费用的填列

某企业2016年7月预交了半年的财产保险费7250元，在原制度有"待摊费用"这一科目时，借记"待摊费用 7250"，贷记"银行存款7250"；在新会计准则下，借记"预付账款 7250"，表示暂付，贷记"银行存款 7250"。

若当月没有发生另外的待摊费用，则在资产负债表中填列该业务涉及的数据，如表3-3所示。

表 3-3

资产负债表

编制单位：××公司　　　　　　　　2016年7月　　　　　　　　单位：元

资　　　产	年初数	期末数	负债和所有者权益（或股东权益）	年初数	期末数
……	……	……	……	……	……
预付账款	—	7250			
……	……	……	……	……	……

拓展学习 **开办费不再计入"长期待摊费用"科目**

　　按照原会计准则的规定，开办费数额较大，一般将其归集到"长期待摊费用"科目进行核算。但新会计准则颁布后，开办费不能再通过"长期待摊费用"科目核算，而是直接列入"管理费用"科目，作为当期损益。

NO.026 资产负债表中的"应付账款"与"其他应付款"

　　应付账款是企业应支付但尚未支付的款项，主要涉及核算企业因购买材料、商品和接受劳务等经营活动应付而未付的款项。

　　其他应付款是企业在商品交易业务以外发生的应付和暂收款项，主要是除应付票据、应付账款、应付职工薪酬和应付利润等以外的应付、暂收款项。在编制资产负债表时，"应付账款"和"其他应付款"科目的核算应借助如下计算公式。

　　应付账款（总）＝应付账款（贷）＋预付账款（贷）

　　其他应付款（总）＝其他应付款

　　应付账款是负债类科目，贷方反映企业尚未支付的款项，借方反映应付账款减少的款项，所以，该科目的贷方余额表示企业还存在有应付而尚未支付的款项，要在填列资产负债表时计入"应付账款"科目。而预付账款是资产类科目，反映企业预付给供应商的款项，若在贷方，说明预付账款得到了冲销，一般以企业的应付账款进行冲销，相当于应付账款在增加，所以要将"预付账款"贷方金额计入"应付账款"科目。

企业的其他应付款只有其自身一种表示类型，不涉及其他科目的借贷方。与"其他应收款"科目相比，没有"钱收不回来"的情况出现，所以没有其他应付款坏账准备。

【例】以NO.23中的案例为例，计算填列资产负债表中的应付账款与其他应付款。

应付账款（总账）=42500+0=42500（元），余额在贷方。数据填入资产负债表中"应付账款"科目的"期末数"栏，如表3-4所示。

表 3-4

资产负债表

编制单位：××公司 　　　　　2016年12月31日 　　　　　单位：元

资　　　产	年初数	期末数	负债和所有者权益（或股东权益）	年初数	期末数
……	……	……	……	……	……
应收账款	-	52350	应付账款	-	42500
预付账款	-	9800			
……	……	……	……	……	……

NO. 027 计算填列资产负债表中的"预收账款"

预收账款是核算企业按照合同规定或交易双方约定，向购买方或接受劳务方在未发出商品或提供劳务前预收的款项，一般包括预收的货款和购货定金等。

企业在收到预收款项时，商品或劳务的销售合同还未履行，因而不能作为收入入账，只能确认为一项负债，即贷记"预收账款"。当企业按合同规定提供商品或劳务后，再根据合同的履行情况，逐期将未实现收入的预收账款转成已实现的收入，即借记"预收账款"，贷记有关收入类账户。

预收账款的期限一般不超过一年，若超过一年，则称为"递延贷项"，单独列示在资产负债表的负债和所有者权益之间。因此，在编制资产负债表时，填列"预收账款"科目应借助如下计算公式。

预收账款＝应收账款（贷）＋预收账款（贷）

预收账款表面上使资金流入了企业，但销售的商品所有权已转移给购货方，所以该科目是负债类科目而不是资产类科目。所以，在填列资产负债表时，"预收账款"项目应包含自身的贷方余额。

而应收账款是典型的资产类科目，其期末余额一般在借方，表示外部单位向企业赊账的金额增加；如果余额在贷方，说明企业已收回相应的应收账款，同时还多收取了外部单位的钱，也就相等于"预收账款"，所以，资产负债表中的"预收账款"项目应包含"应收账款"科目的贷方余额。

【例】以NO.23中的案例为例，计算填列资产负债表中的预收账款。

预收账款（总账）＝1000+38000=39000（元），余额在贷方。数据填入资产负债表中"预收账款"科目的"期末数"栏，如表3-5所示。

表3-5

资产负债表

编制单位：××公司　　　　　　　2016年12月31日　　　　　　　单位：元

资　　　产	年初数	期末数	负债和所有者权益（或股东权益）	年初数	期末数
……	……	……	……	……	……
应收账款	－	52350	应付账款	－	42500
预付账款	－	9800	预收账款	－	39000
……	……	……	……	……	……

NO. 028 计算应收账款的应计利息

为了做好企业的往来账管理工作，相关财会人员要会核算应收账款占用资金的应计利息，进而明确应收账款在延期收回过程中的隐性成本。具体计算公式如下。

> 应收账款应计利息＝应收账款占用资金×资本成本率
> ＝应收账款平均余额×变动成本率×资本成本率
> ＝日销售额×信用期间或平均收现期×变动成本率×资本成本率
> ＝全年销售额÷360×信用期间或平均收现期×变动成本率×资本成本率
> ＝（全年销售额×变动成本率）÷360×信用期间或平均收现期×资本成本率
> ＝全年销售变动成本÷360×信用期间或平均收现期×资本成本率

案例分析

核算应收账款应计利息，选择合适的信用期间

红枫制造公司一直采用30天按发票金额付款的信用政策，最近拟将信用期间放宽至45天，仍按发票金额付款。假设风险投资的最低报酬率为10%，其他有关数据如表3-6所示。

表3-6

信用决策数据对比表

项目	信用期间（30天）	信用期间（45天）
全年销售量（件）	150000	165000
全年销售额（单价5元）	750000	825000
全年销售成本（元）	−	−
变动成本（每件3元）	450000	495000
固定成本（元）	75000	75000

续表

项目	信用期间（30天）	信用期间（45天）
毛利（元）	75000	90000
可能发生的收账费用（元）	4500	6000
可能发生的坏账损失（元）	7500	9500

收益的增加＝销售量的增加×单位边际贡献＝（165000－150000）×（5－3）＝30000（元）

①信用期间为30天时，应计利息的计算。

应收账款平均余额＝日销售额×信用期间或平均收现期＝750000÷360×30＝62500（元）

应收账款占用资金＝应收账款平均余额×变动成本率＝62500×（450000÷750000）＝37500（元）

应收账款应计利息＝应收账款占用资金×资本成本率＝37500×10%＝3750（元）

②信用期间为45天时，应计利息的计算。

应收账款平均余额＝825000÷360×45＝103125（元）

应收账款占用资金＝103125×（495000÷825000）＝61875（元）

应收账款应计利息＝61875×10%＝6187.5（元）

改变信用期间导致的应计利息增加＝6187.5－3750＝2437.5（元）

收账费用和坏账损失的增加＝（6000－4500）＋（9500－7500）＝3500（元）

改变信用期间的税前损益＝收益增加－成本费用增加＝30000－2437.5－3500＝24062.5（元）

由于收益增加大于成本费用增加，所以采用45天信用期更好。

NO. 029 应收账款周转率

企业的应收账款若能及时收回，则资金使用效率就能大幅提高，而应收账款周转率就是反映企业应收账款周转速度的比率，说明一定期间内企业应收账款转为现金的平均次数。具体计算公式如下。

应收账款周转率=赊销收入净额÷应收账款平均余额×100%

赊销收入净额=当期销售净收入-当期现销收入

应收账款平均余额=（应收账款期初余额+应收账款期末余额）÷2

在实际财会工作中，有一个应收账款周转率的运用公式，即：

应收账款周转率=当期销售净收入÷应收账款平均余额×100%
=（销售收入-销售退回）÷应收账款平均余额×100%
=（营业收入-折扣/折让）÷应收账款平均余额×100%

也就是说，运用公式是在没有排除现销收入的情况下核算出的应收账款周转率。

【例】北京某商贸公司2015年年末和2016年年末应收账款余额分别为36.5万元和50.3万元，已知其2016年全年销售净收入为500万元，其中现销收入有131.1万元。计算该公司2016年应收账款周转率如下。

应收账款周转率=（500-131.1）÷[（36.5+50.3）÷2]=8.5（次）

一般来说，应收账款周转率越高，说明应收账款周转速度越快，平均收账期越短。否则，企业的营运资金会过多地停滞在应收账款上，影响正常的资金周转。

NO. 030 应收账款的周转天数

应收账款周转天数也是反映应收账款周转速度的指标，与应收账款周转率不同的是，它用时间表示周转速度，也称为平均应收账款回收期或平均收现期，表示企业从获得应收账款的权利到收回款项、转为现金所需要的时间（天数），计算公式如下。

> 应收账款周转天数=360÷应收账款周转率
> 　　　　　　　=应收账款余额×360÷赊销收入净额
> 　　　　　　　=应收账款余额×平均日赊销收入净额

案例分析
核算应收账款的周转天数，预估企业能否按时收回货款

红枫制造公司2017年3月底的应收账款余额为142500元，信用条件是在60天内按全额付清货款。过去的3个月销售情况为：1月赊销收入净额135000元，2月赊销收入净额157500元，3月赊销收入净额172500元。

平均日赊销收入净额=（135000+157500+172500）÷90=5166.67（元）

应收账款周转天数=142500÷5166.67=27.58（天）

应收账款周转天数小于信用期60天，所以该公司在不出意外的情况下，都能按时收回应收账款。如果应收账款周转天数大于信用期，则可以求出逾期收回应收账款的天数，公式如下。

> 平均逾期天数=应收账款周转天数-平均信用期天数

NO. 031 应收票据的贴现

企业经营过程中，或多或少会遇到商业票据贴现事宜。在贴现时，银行按一定利率从票据的到期值中扣除从借款日至到期日的应计利息，将余款支付给持票人。

贴现时使用的利率为贴现率，计算得出的利息为贴现息，扣除贴现息后的余额为贴现值（也称现值），计算公式如下。

贴现息=票据到期价值×贴现率×贴现期

贴现净额=票据到期价值-贴现息

贴现是指票据持有人将未到期的票据在背书后送交给银行，银行受理后将贴现净额付给持票人，作为银行对企业的短期贷款。贴现期为"票据贴现日～票据到期前一日"的时间间隔，应收票据的银行贴现率由银行统一规定，一般用年利率表示。

案例分析
带息应收票据的贴现处理

红枫制造公司持有一张6个月期、面值为45000元的带息银行承兑汇票，2017年12月1日向银行申请贴现。已知该汇票的年息为6%，出票日为10月1日，到期日为2018年4月30日，贴现率为10%。

应收票据到期利息=45000×6%×（6÷12）=1350（元）

应收票据到期本息（到期价值）=45000+1350=46350（元）

贴现息=46350×10%×[（6-2）÷12]=1545（元）

贴现净额=46350-1545=44805（元）

如果上述案例中，公司持有的票据是无息票据，企业条件和情况都不变，则相关计算过程如下。

应收票据到期价值=票据面值=45000（元）

贴现息=45000×10%×[（6-2）÷12]=1500（元）

贴现净额=45000-1500=43500（元）

拓展学习 *票据贴现的两种情形*

应收票据贴现属于企业经营活动产生的现金流量，且贴现一般有两种情形：一是带追索权贴现，二是不带追索权贴现。

带追索权的票据贴现，企业在转让应收账款的情况下，票据接受方在应收款项被拒付或由支付方告知逾期支付时，可向应收款项转让方索取应收金额。此时贴现企业会因背书转让而负有连带偿债责任，这种责任可能发生，也可能不发生，可能是部分的，也可能是全部的。具体关系如图3-1所示。

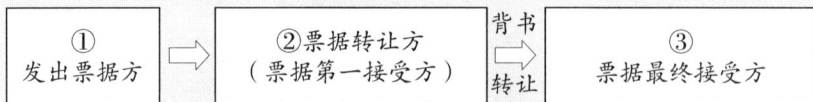

图3-1

也就是说，上图中的③向②要求支付票据金额时，如果被拒付，则可向①提出支付票据金额的要求。

不带追索权的票据，已经贴现的，企业将应收票据的风险（不可收回账款的可能性）和未来经济利益全部转嫁给银行，企业贴现所得收入与票据账面价值之间的差额计入当期损益。

目前，我国应收票据的贴现一般都带有追索权，按现行会计制度规定的方法，贴现后直接转销"应收票据"科目，不再单独设置会计科目反映或有负债，而是将该项潜在的债务责任在资产负债表附注中加以说明。

NO.032 带息应收票据的相关数值计算

带息应收票据是指票面注明利息的应收票据，其利息应单独核算，相关计算公式如下。

到期值=应收票据按合约可收回的金额=票据面值×（1+利息率）

贴现日数=票据期限−已持有票据期限

贴现利息=到期值×贴现率÷360×贴现日数

贴现收入=到期值−贴现利息

这里的"到期值"即"票据到期价值";"贴现利息"即"贴现息";"贴现收入"即"贴现净额"。

NO. 033 按应收账款的一定百分比估计坏账损失

企业按照应收账款余额的一定百分比估计坏账损失的办法,称为坏账准备余额百分比法。其中,坏账百分比由企业根据以往的资料或经营经验自行确定。

在余额百分比法下,企业应在每个会计期间内,根据当期期末应收账款的余额和相应的坏账率,估计出期末坏账准备账户应有的余额,该余额与调整账目前的坏账准备账户已有余额的差额,就是当期应计提的坏账准备金额。具体计算公式如下。

1.计提坏账准备的一般公式

当期应计提坏账准备=当期期末坏账准备账户余额-调整账目前坏账准备账户已有余额

当期期末坏账准备账户余额=当期期末应收账款余额×坏账率

2.首次计提坏账准备的公式

当期应计提坏账准备=期末应收账款余额×坏账准备计提百分比

3.以后计提坏账准备的公式

当期应计提坏账准备=当期按应收账款计算应计提的坏账准备金额+坏账准备账户借方余额(或-坏账准备账户贷方余额)

案例分析

估计坏账损失,做好坏账准备的计提工作

红枫制造公司2015年末应收账款余额为30万元,企业自行估计坏账准备的计提比例为应收账款余额的0.5%。2016年发生坏账2500元，当年末应收账款余额为50万元。2017年发生坏账损失1750元，当年末应收账款余额为30万元。假设该公司2015年初"坏账准备"科目的余额为0。

2015年末应计提坏账准备=300000×0.5%=1500（元）

2016年末计提坏账准备前的坏账准备账户余额=1500+（−2500）=−1000（元），说明2015年末计提的坏账准备金额不能完全弥补2016年发生的坏账损失，还有部分坏账损失在账上，表现为"坏账准备"借方余额。要使2017年坏账准备的余额在贷方，且金额为2500元（500000×0.5%），则2016年末应计提的坏账准备=1000+2500=3500（元）。

2017年末计提坏账准备前的坏账准备账户余额=2500−1750=750（元），说明2016年末坏账准备账户的余额在弥补了2017年坏账损失后，还有750元的坏账准备在账上。要使2017年末坏账准备余额在贷方，且金额为1500元（300000×0.5%），则2017年末应计提的坏账准备=1500−750=750（元）。

NO.034 备抵法下计提坏账准备

备抵法是指在坏账损失实际发生之前，就依据权责发生制原则估计损失，并同时形成坏账准备，待坏账损失实际发生时，再冲减已经计提的坏账准备。关于坏账准备的相关计算公式如下。

坏账准备年末余额估计（应计提的坏账准备）=应收账款年末余额×坏账率

当期实际提取的坏账准备=当期按比例计算的金额（坏账准备的贷方或借方余额）

该方法的相关核算工作可以参考NO.33中的案例来具体实施，只要是在发生坏账损失之前就计提坏账准备，都属于备抵法计提坏账准备。

NO. 035 采用账龄分析法计提坏账准备

账龄是指负债人所欠账款的时间，账龄越长，发生坏账损失的可能性就会越大。账龄分析法是一种根据应收账款的时间长短来估计坏账损失的方法，也称为"应收账款账龄分析法"。

所以，财会人员将企业的应收账款按账龄长短进行分组，并根据前期坏账实际发生的有关数据资料，分别确定不同的计提百分比，进而估算坏账损失，使坏账损失的计算结果更符合客观情况，最后计算出各组坏账损失之和，即当期坏账损失的预计金额。相关计算公式如下。

1.首次计提坏账准备的公式

当期应计提坏账准备=∑（期末各账龄组应收账款余额×各账龄组坏账准备计提百分比）

2.以后计提坏账准备的公式

当期应计提坏账准备=当期按应收账款计算应计提的坏账准备金额+坏账准备账户借方余额（或-坏账准备账户贷方余额）

案例分析

账龄分析法让坏账准备的计提更符合实际情况

广州某地E公司的坏账准备核算采用账龄分析法，对未到期、逾期半年内及逾期半年以上的应收账款分别按1%、4%和8%估计坏账损失。该公司相关财会人员从2016年12月31日编制出的资产负债表中提取出了应收账款账户的有关期末余额，如表3-7所示。

表 3-7

应收账款账龄分析与计提比例表格

情形	应收账款期末余额（元）	坏账损失计提比率（%）
未到期	1500000	1

续表

情形	应收账款期末余额（元）	坏账损失计提比率（%）
逾期半年以内	300000	4
逾期半年（不含）以上、一年以内	450000	8
预期一年以上	600000	14

如果公司"坏账准备"账户2016年年初贷方余额90000元，2016年确认坏账损失180000元，则相关核算过程如下。

2016年末应计提坏账准备=1500000×1%+300000×4%+450000×8%+600000×14%=15000+12000+36000+84000=147000（元）

147000-90000-180000=-123000（元），说明2016年年末计提的坏账准备金额在冲销了前期坏账损失后，不足以完全冲销2016年发生的坏账损失，还有123000元的坏账损失将计入"坏账准备"账户的贷方，表示待冲销的坏账损失。

NO. 036 应付账款周转率

应付账款周转率反映企业应付账款的流动程度，计算公式如下。

应付账款周转率=（主营业务成本+期末存货成本-期初存货成本）÷平均应付账款×100%

应付账款周转率=主营业务成本净额÷平均应付账款余额×100%

或：应付账款周转率=销售成本÷平均应付账款

平均应付账款余额=（应付账款期初数+应付账款期末数）÷2

如果企业的应付账款周转率低于行业平均水平，说明企业与同行相比可以更多地占用供应商的货款，显示其重要的市场地位，但同时也要承担较多的还款压力。

如果企业应付账款周转率比以前有了快速提高，说明企业占用供应商的货款在减少，这预示着两种可能性：一是上游供应商要求企业快速付款；二是原材料供应紧俏，甚至吃紧，让企业无法正常地与供应商合作，更别提赊购了。

【例】某公司预计2017年12月的主营业务成本为74万元，月底存货有24万元。已知12月初存货余额为16万元，平均应付账款余额为48万元，由此可求出公司的应付账款周转率。

应付账款周转率＝（74+24－16）÷48=1.71（次）

也就是说，该公司一年向供应商支付货款的次数还不到两次。

应付账款周转率是一个需要企业和财会人员密切注意的比率，因为企业需要供应商以信用作为低成本或无成本融资的保障。另外，应付账款周转率如果恶化，可能是现金危机的征兆，会危害企业与供应商之间的关系。所以，应付账款的管理目标应该是：使应收账款周转率与应付账款周转率尽可能地接近，这样才能保证现金流入量和流出量相抵，或者保持相对平衡的状态。

NO. 037 应付账款周转天数

应付账款周转天数又称平均付现期，是衡量企业需要多长时间付清供应商货款的指标，属于企业经营能力分析范畴。计算公式如下。

应付账款周转天数=360÷应付账款周转率

=360÷（主营业务成本净额÷平均应付账款余额）

=360×平均应付账款余额÷主营业务成本净额

应付账款平均余额=（应付账款期初数+应付账款期末数）÷2

【例】以NO.36中的案例为例，当计算出应付账款周转率为1.71次时，应付账款周转天数=360÷1.71=210.53（天）。如果不计算周转率，直接计算应付账款周转天数，则应付账款周转天数=360×48÷（74+24-16）=210.73（天）。

这就意味着，企业一般在收到账单210天后才将货款全额付给供应商，其利用供应商的资金经营自身业务的能力较强。

通常来说，应付账款周转天数越长越好，说明企业可更多地占用供应商的货款来补充营运资本，从而无须向银行借款。在同行业中，周转天数较长的公司一般是市场地位强，在行业内采购量巨大且信誉良好的公司，所以才能在占用货款的事情上拥有主动权。

但在实际经营过程中，企业往往出现一边占用供应商的货款，一边又被客户占用企业自身销售商品的货款（即应收账款）的情况，进而形成三角债。这时仍然有可能导致企业营运资金紧张，所以需要利用现金周转率来整体考量企业销售的现金生成能力。

随身查

财务人员必会的200个专业公式（案例版）

4

Search | 资产负债情况核算公式 | 🔍

　　资产是由企业拥有或控制的，预期会给企业带来经济利益的资源；负债是预期会导致经济利益流出企业的现时义务。这两者共同影响着企业的经济利益，所以在财务管理方面，资产负债的数据核算是重点工作内容。

....

NO. 038 存货周转率与周转天数

存货周转率是企业一定时期销货成本与平均存货余额的比率，用来反映存货的周转速度，即存货的流动性和存货资金占用量是否合理。

该比率可指导企业在保证生产经营联系性的同时，提高资金使用效率，增强企业的短期偿债能力。具体计算公式如下。

> 存货周转率（次数）＝销售成本÷存货平均余额
>
> 存货平均余额＝（期初存货余额＋期末存货余额）÷2
>
> 存货周转天数＝计算期天数÷存货周转率（次数）

一般来说，存货周转速度越快，即存货周转率越高（次数越大）或周转天数越短，企业的存货占用水平就越低，流动性越强，存货转为现金或应收账款的速度就越快。通过对存货周转率进行分析，有利于找出企业存货管理中存在的问题。

案例分析
计算存货周转一次耗费的天数

F公司2017年销售成本为6615万元，期初存货为820万元，期末存货为302.5万元，该公司的存货周转率计算过程如下。

存货周转率（次数）＝6615÷[（820+302.5）÷2]=11.79（次）

存货周转天数＝360÷11.79=30.53（天）

也就是说，公司一年内存货周转次数为11.79次，每周转一次需要耗费30.53天，即差不多一个月的时间。

存货周转率反映了存货的使用效率，在一定程度上也反映销售效率。

NO. 039 营业周期的确定

营业周期指企业从外购商品承担付款义务，到收回因销售商品或提供劳务而产生的应收账款的这段时间。计算公式如下。

营业周期=存货周转天数+应收账款周转天数

营业周期的长短是决定企业流动资产需要量的重要因素，一般情况下，营业周期短，说明资金周转速度快；营业周期长，说明资金周转速度慢。所以，营业周期与企业财务指标中的"流动比率"有直接关系。

案例分析

从资产负债表和利润表中收集数据进行营业周期的估算

红枫制造公司的相关财会人员要估算企业2017年的营业周期，于是从资产负债表和利润表中提取出如表4-1所示的数据。

表4-1

项目	数据（万元）	数据来源
销售收入	1500	利润表
销售成本	900	利润表
应收账款（平均数）	600	资产负债表
存货（平均数）	375	资产负债表

存货周转率（次数）=900÷375=2.4（次）

存货周转天数=360÷2.4=150（天）

应收账款周转率（次数）=1500÷600=2.5（次）

应收账款周转天数=360÷2.5=144（天）

营业周期=150+144=294（天）

在营业活动中，企业需要投入现金购买存货，通过储存和加工制造后对外销售，最后通过收回货款而回笼资金，这一过程需要的时间一般称为"营业现金周期"，有时也称为"营业现金循环周期"。涉及的计算公式如下。

$$营业现金周期=营业周期-应付账款递延期$$

$$应付账款递延期=360\div应付账款周转率$$

$$即：营业现金周期=营业周期-应付账款周转天数$$

NO. 040 计提存货跌价准备

"存货跌价准备"账户用于核算企业提取的存货跌价准备金额，主要用于弥补存货跌价造成的损失，与坏账准备一样，属于备抵科目。存货跌价准备的计提公式如下。

$$存货跌价准备=库存数量\times（单位成本价-不含税的市场价）$$

案例分析

对产成品和剩余材料计提存货跌价准备

红枫制造公司的所得税税率为25%，对生产的甲产品所需用的材料采用先进先出法计价。2017年年初的材料账面余额为0，前3个季度的购入量各单价如表4-2所示。

表 4-2

季度	购入量（千克）	单价（万元）
第一季度	375	0.12
第二季度	225	0.14
第三季度	150	0.15

当年共计领用材料450千克，发生直接人工费用和制造费用分别为15万元、4.5万元。

2017年年末，甲产品全部完工验收入库，但没有对外销售，该批产品已经签订销售合同，合同总价为55万元，预计全部销售税费为3万元。

剩余材料将继续全部用来生产甲产品，预计生产甲产成品还需发生除该材料以外的总成本为13万元。剩余材料所生产的甲产品未签订销售合同，产品预计市场销售价格为30万元，预计全部销售税费为2万元。

甲产品所用材料450千克的成本=375×0.12+75×0.14=55.5（万元）

甲产品完工验收入库的成本=55.5+15+4.5=75（万元）

甲产品可变现净值=55-3=52（万元）

甲产品应计提的存货跌价准备=75-52=23（万元）

剩余材料的账面价值=150×0.14+150×0.15=43.5（万元）

没有合同的甲产品成本=43.5+13=56.5（万元）

没有合同的甲产品可变现净值=30-2=28（万元）

由于没有合同的甲产品可变现净值小于其对应的成本，因此，剩余材料应按成本与可变现净值孰低来计量，而剩余材料的可变现净值=30-13-2=15（万元），剩余材料应计提的存货跌价准备=43.5-15=28.5（万元）。

NO. 041 固定资产和无形资产的账面余额、净值和价值

账面余额是指某账户的账面实际余额，不扣除与该账户相关的备抵项目（累计折旧和资产减值准备等）；账面价值是指某账户的账面余额减去相关备抵项目后的净额；账面净值是指某账户的原值减去已计提的累计折旧或累计摊销后的余额。具体计算公式如下。

1.固定资产相关计算公式

账面余额=固定资产科目余额=账面原价

账面净值=固定资产折余价值=固定资产科目余额-累计折旧科目余额

账面价值=固定资产科目余额-固定资产减值准备科目余额-累计折旧科目余额

2.无形资产相关计算公式

账面余额=无形资产科目余额=账面原价

账面净值=无形资产摊余价值=无形资产科目余额-累计摊销科目余额

账面价值=无形资产科目余额-无形资产减值准备科目余额-累计摊销科目余额

案例分析

购入生产设备后账面余额、账面价值和账面净值的核算

2016年12月7日，某公司购入一套生产设备作为固定资产入账，入账价值为3000万元。2017年累计折旧150万元，计提资产减值准备300万元，2017年末该固定资产的账面余额、净值和价值分别是多少呢？

账面余额=3000（万元）

账面净值=3000-150=2850（万元）

账面价值=3000-150-300=2550（元）

NO 042 投资性房地产的两种计量模式

投资性房地产指为了赚取租金或资本增值或两者兼有而持有的房地产。这类房地产主要包括已出租的土地使用权、持有并准备增值后转让的土地使用权和已出租的建筑物，其后续计量通常采用成本模式，只有在满足特定条件时才可采用公允价值模式。相关计算公式如下。

1.成本模式的后续计量

账面余额=账面原价=投资性房地产科目余额

账面净值=投资性房地产科目余额-投资性房地产累计折旧（摊销）科目余额

账面价值=投资性房地产科目余额-投资性房地产累计折旧（摊销）科目余额-投资性房地产减值准备科目余额

2.公允价值模式的后续计量

此模式下不计提折旧、摊销，不计提减值准备，所以：

账面余额=账面原价=投资性房地产科目余额=账面净值=账面价值

案例分析

采用公允价值模式与成本模式核算出的账面价值不同

红枫制造公司在2015年年初将自身的移动办公楼出租给D公司使用，已确认为投资性房地产，采用成本模式进行后续计量。假设这栋办公楼的原价为1800万元，按年限平均法计提折旧，使用寿命为20年，预计净残值为0，一直未计提减值准备。

账面余额为1800万元，累计折旧=（1800-0）÷20÷12×6=45（万元），涉及会计分录如下。

借：其他业务成本　　　　　　　　　　　　450000

　　贷：投资性房地产累计折旧（摊销）　　　450000

账面净值=1800-45=1755（万元），账面价值=1800-45-0=1755（万元）

如果公司采用公允价值模式进行后续计量，比如该办公楼在当年6月估值为2000万元，则投资性房地产的公允价值高于其账面余额的差额计入"公允价值变动损益"科目，会计分录如下（公允价值低于其账面余额时做相反分录）。

借：投资性房地产——公允价值变动　　　　2000000

　　贷：公允价值变动损益　　　　　　　　　　2000000

账面价值=2000-45-0=1955（万元）

由此可知，采用成本模式进行投资性房地产的后续计量，不会影响其账面余额，而采用公允价值模式进行后续计量，对账面余额有影响，通过账面余额与公允价值的差额来调整账面余额。

NO. 043 交易性金融资产的账面余额和价值

交易性金融资产指企业以赚取差价为目的、准备近期内出售而持有的债券投资、股票投资和基金投资。交易性金融资金一般采用公允价值模式进行后续计量，在持有期间不计提资产减值准备。相关公式如下。

账面余额=账面价值=交易性金融资产科目余额

案例分析

交易性金融资产的账面余额与账面价值始终相等

某公司2015年12月5日购入股票150万元，发生相关手续费和税费0.3万元，作为交易性金融资产。此时150万元为股票的账面余额，也是账面价值，更是交易性金融资产科目余额。2015年12月底，该股票收盘价共计162万元，所以该公司购入的股票公允价值增加了12万元，此时162万元为股票的账面余额或账面价值。如果公司卖出股票后收到165万元款项，说明投资获得收益3万元。会计分录如下。

借：银行存款　　　　　　　　　　　　　　1650000

　　贷：交易性金融资产——成本　　　　　　1500000

　　　　交易性金融资产——公允价值变动　　 120000

　　　　投资收益　　　　　　　　　　　　　　30000

由案例可知，交易性金融资产的账面余额与账面价值始终相等，但随着交易性金融资产公允价值的变动，账面余额和价值也会随之变动。

NO. 044 持有至到期投资以摊余成本法进行后续计量

持有至到期投资指到期日固定、回收金额固定或可确定，且企业有明确意图和能力持有至到期的非衍生金融资产，通常包括企业持有的、在活跃市场上公开报价的国债、企业债券和金融债券等投资。

持有至到期投资以摊余成本进行后续计量的，发生减值时，应将持有至到期投资的账面价值与预计未来现金流量现值之间的差额，确认为减值损失，计入当期损益，相关计算公式如下。

> 账面余额=持有至到期投资一级科目余额
>
> 账面价值=摊余成本=持有至到期投资一级科目余额-计提的减值准备

案例分析

核算持有至到期投资的账面价值

某公司2016年1月1日以100万元从上海证券交易所购入E公司当日发行的5年期公司债券，票面价值总额为125万元，票面年利率为5%，本金在到期时一次性偿还。该债券投资的实际利率为10%，2017年12月31日，有客观证据表明E公司发生了严重的财务困难，这会造成公司的债券投资发生减值损失383000元。

这里的票面价值125万元即为持有至到期投资一级科目余额，也就是"持有至到期投资"科目的账面余额，而发生的减值损失要对应计提减值准备。所以，在不考虑债券利息的情况下，2017年12月31日时，持有至到期投资的账面价值=125-38.3=86.7（万元）。

案例中的账面价值86.7万元也是该公司的摊余成本，简单来说就是最终按实际利率计算债券利息的基础。

拓展学习 *持有至到期投资的摊余成本*

摊余成本指投资成本减去利息后的金额，是按实际利率计算利息的基础，金融资产或金融负债的摊余成本是指该金融资产或金融负债的初始确认金额经过调整后的金额，计算公式如下。

摊余成本=持有至到期投资初始金额-已偿还的本金+累计摊销额（或-累计摊销额）-减值损失

NO. 045 可供出售金融资产的两种计量模式

可供出售金融资产指企业初始确认时就被指定为可供出售的非衍生金融资产，以及没有划分为以公允价值计量且其变动计入当期损益的金融资产、持有至到期投资、贷款和应收款项的金融资产。

可供出售金融资产的会计处理与以公允价值计量且其变动计入当期损益的金融资产的会计处理类似，但也有不同。可供出售金融资产在初始确认时都应按公允价值计量，同时，相关交易费用应计入初始入账金额；资产负债表日都应按公允价值计量，但公允价值变动不计入当期损益，而计入其他综合收益。在确认过程中，一般会涉及如下计算公式。

1.以公允价值计量（一般是股票投资）

确认减值损失时不计提减值准备，而是计入"可供出售金融资产——公允价值变动"科目中，所以：

账面余额=账面价值=可供出售金融资产一级科目余额

此时利息的计算基础为账面余额或账面价值，即公允价值。

2.以摊余成本计量（一般是债券投资）

涉及摊余成本的计算，此时的摊余成本不包含公允价值变动的金额，即：

摊余成本=可供出售金融资产一级科目余额-可供出售金融资产——公允价值变动科目余额

此时利息的计算基础为摊余成本，而不是账面余额或账面价值，也不是公允价值。

案例分析

核算可供出售金融资产的账面价值

2015年11月12日，F公司从上海证券交易所购入G上市公司股票50万股，并将其划分为可供出售金融资产。该笔股票投资在购买日的公允价值为500万元。另支付相关交易费用金额12500元。

这里的交易费用要计入可供出售金融资产的初始入账金额，即"可供出售金融资产"科目的账面余额（账面价值）应为5012500元（12500+5000000），而不是5000000元。计算投资利息时以5012500元为基础。

拓展学习 *可供出售金融资产的有些减值损失需要转出*

可供出售金融资产发生减值时，即使该金融资产没有终止确认，原直接计入所有者权益中的、因公允价值下降形成的累计损失，应当予以转出，计入当期损益。具体计算公式如下。

转出的累计损失=可供出售金融资产的初始取得成本-已收回本金-已摊余金额-当前公允价值-原已计入损益的减值损失

NO. 046 计算填列资产负债表中的"存货"科目

存货指企业在日常活动中持有且以备出售的产成品、商品，处于生产过程中的在产品以及在生产或提供劳务过程中耗用的材料或物料等。

在资产负债表中，只有"存货"这一项目，没有"产成品"和"在产品"等明细项目，因此，在填列资产负债表时，要综合所有存货的数据填列"存货"科目，计算公式如下。

存货=材料+低值易耗品+库存商品+委托加工物资+委托代销商品+在产品生产成本-存货跌价准备

案例分析
分析法填列资产负债表中的"存货"科目

红枫制造公司2017年12月月末统计出存货相关账户的余额，具体情况如表4-3所示。

表 4-3

账户	余额	方向	账户	余额	方向
原材料	30000	借方	生产成本	15000	借方
物资采购	12000	借方	材料成本差异	1500	贷方
库存商品	45000	借方			

所以，月末时资产负债表中"存货"科目的期末数=30000+12000+45000+15000-1500=100500（元）

财会人员需要注意，当材料的可变现净值低于账面价值时，需要计提存货跌价准备；但当可变现净值高于账面价值时，已经计提的存货跌价准备应予以冲回。

另外，在计算材料成本差异时，不考虑已计提的存货跌价准备，也就是说，上述案例中，如果企业没有核算材料成本差异，则需要计提存货跌价准备，而存货跌价准备余额在借方时，就从原存货计算公式中减去，若余额在贷方，就要在原存货计算公式中加上。

NO. 047 计算填列资产负债表中的"应付职工薪酬"科目

应付职工薪酬是企业根据有关规定，应付给职工的各种薪酬，一般按照"工资、奖金、津贴、补贴""职工福利""社会保险费""住房公积金""工会经费""职工教育经费""解除职工劳动关系补偿""非货币性福利"和"其他与获得职工提供的服务相关的支出"等项目进行明细核算。

所以，在填列资产负债表中的"应付职工薪酬"这个一级科目时，需要用到如下计算公式。

> 应付职工薪酬=应付工资+应付职工工资附加费+其他应付款（如职工教育经费）

案例分析

综合分析填列资产负债表中的"应付职工薪酬"科目

红枫制造公司在2017年11月发生的与职工薪酬有关的业务如下。

①本月应付工资总额346500元。其中，车间产品生产人员工资24万元，车间管理人员工资52500元，行政管理人员工资45300元，销售人员工资8700元。

②本月应向社会保险经办机构缴纳职工基本养老保险费共计48510元。其中，应计入基本生产成本的金额为33600元，应计入制造费用的金额为7350元，应计入管理费用的金额为7560元。

③公司根据工资结算汇总表的应付工资总额，核算出代扣职工个人所得税30750元。另外，公司代垫职工家属医药费2250元，实发工资为313500元（346500-30750-2250）。

④公司以现金支付职工生活困难补助2400元。

⑤公司以银行存款缴纳职工社会保险费30万元。

⑥公司补偿辞退员工共计18万元。

所以，月末时资产负债表中"应付职工薪酬"科目的期末数=48510+346500+180000=575010（元）。

案例中，③业务是企业代垫费用，不是企业应付给职工的，所以不计入应付职工薪酬；④和⑤业务已经用现金和银行存款支付了困难补助并缴纳了社会保险费，不属于"应付"。所以最终"应付职工薪酬"科目包含应付工资总额、职工养老保险和辞退补偿等款项。

NO. 048 固定资产折旧的平均年限法

平均年限法是一种按固定资产的使用年限平均计提折旧的方法，又称"直线法"或"平均法"。它是最简单、应用最普遍的折旧方法，适用于各个时期使用情况大致相同的固定资产折旧，相关计算公式如下。

> 年折旧额=（固定资产原值-预计净残值）÷预计使用年限（寿命）
>
> 月折旧额=固定资产年折旧额÷12
>
> 年折旧率=（1-预计净残值率）÷预计使用寿命（年）×100%
>
> 月折旧率=年折旧率÷12
>
> 月折旧额＝固定资产原价×月折旧率

案例分析
用平均年限法计提固定资产的折旧额

G公司名下的某办公楼原值为210万元，预计使用年限为40年，预计残值为96000元，预计清理费用12000元。

年折旧额=（2100000+12000-96000）÷40=50400（元）

年折旧率=50400÷2100000×100%=2.4%，月折旧率=2.4%÷12=0.2%

如果不能直接获知预计残值，而是知道预计残值率为4.57%，则：

年折旧率=（1-4.57%）÷40×100%=2.38575%≈2.39%

年折旧额=2.39%×2100000=50190（元）

案例中两种情形求出的年折旧额不一致，这是因为在计算直接已知残值与直接已知残值率的过程中涉及四舍五入。企业财会人员只要根据已知条件，选择适用的方法即可。

NO. 049 双倍余额递减法计算固定资产折旧

双倍余额递减法是一种以逐年递减的固定资产期初净值计算各年应计提折旧额的方法，与年数总和法统称为极速折旧法，可在第一年就折减较多金额。具体操作是：在固定资产使用年限最后两年的前面各年，用年限平均法折旧率的两倍作为固定的折旧率，然后乘逐年递减的固定资产期初净值，得出各年应计提折旧额。相应计算公式如下。

年折旧额=固定资产期初折余价值×[2÷预计折旧年限×100%]
月折旧额=年初固定资产折余价值×[2÷预计折旧年限÷12×100%]
固定资产期初账面净值=固定资产原值-累计折旧
最后两年每年折旧额=（固定资产原值-累计折旧-净残值）÷2

其中，"2÷预计折旧年限×100%"为年折旧率，所以"2÷预计折旧年限÷12×100%"为月折旧率。

案例分析
生产设备如何计提折扣

红枫制造公司于2017年1月初购进一台原值为50万元的生产设备，预计使用年限为10年，净残值率5%。采用双倍余额递减法计提折旧。

净残值=500000×5%=25000（元），年折旧率=2÷10×100%=20%

第一年应计提折旧额=500000×20%=100000（元）

第二年应计提折旧额=（500000-100000）×20%=80000（元）

第三年应计提折旧额=（500000-100000-80000）×20%=64000（元）

……

第九年应计提折旧额=第十年应计提折旧额=（500000-100000-80000-64000-51200-40960-32768-26214.4-20971.52-25000）÷2=58886.08÷2=29443.04（元）

NO. 050 固定资产折旧的年数总和法

年数总和法又称总和年限法，是一种加速折旧方法，它是一种将固定资产的原值减去残值后的净额乘一个逐年递减的分数，以确定固定资产折旧额的方法。计算公式如下。

> 年折旧率=尚可使用年数÷年数总和×100%
>
> 年折旧额=（固定资产原值-预计残值）×年折旧率
>
> 月折旧率=年折旧率÷12
>
> 月折旧额=（固定资产原值-预计净残值）×月折旧率
>
> 其中，年数总和为"n×（n+1）÷2"。

案例分析

用年数总和法为办公设备计提折旧

红枫制造公司在2017年12月购入一台办公设备，原价值为11.7万元，预计残值为3000元，预计可用4年，用年数总和法计提固定资产折旧额。

年数总和=1+2+3+4=4×（4+1）÷2=10

第一年应计提折旧额=（117000−3000）×（4÷10）=45600（元）

第二年应计提折旧额=（117000−3000）×（3÷10）=34200（元）

第三年应计提折旧额=（117000−3000）×（2÷10）=22800（元）

第四年应计提折旧额=（117000−3000）×（1÷10）=11400（元）

从案例分析可看出，第一年应计提的折旧额最高，然后逐年递减。该方法比双倍余额递减法的加速折旧效果更好。

NO.051 工作量法计算固定资产折旧

工作量法是一种按实际工作量计提固定资产折旧额的方法，一般是按固定资产所能工作的时数平均计算折旧额。实际上，工作量法是平均年限法的补充和延伸，即年折旧率为固定值。相关计算公式如下。

1.按照固定资产运作里程计算折旧

单位里程折旧额=固定资产原值×（1-预计净残值率）÷总运作里程

2.按工作小时计算折旧

每工作小时折旧额=固定资产原值×（1-预计净残值率）÷工作总小时数

3.按台班计算折旧

每台班折旧额=固定资产原值×（1-预计净残值率）÷工作总台班数

案例分析

工作量法计提固定资产的月折旧额

某企业有一辆专用的运输汽车，原值为45万元，预计净残值率为

5%，预计行驶总里程为120万公里。该汽车采用工作量法计提折旧。某月该汽车行驶9000公里，计算月折旧额。

单位里程折旧额=450000×（1−5%）÷1200000=0.36（元）

该月应计提折旧额=0.36×9000=3240（元）

工作量法适用于那些在使用期间负担程度差异很大，提供的经济效益很不均衡的固定资产。

NO. 052 固定资产的价值变动会影响折旧的计提

固定资产的折旧要以固定资产的相关价值为基础，核算出一定期间内应计提的折旧额，所以，固定资产价值的变动会影响折旧的计提。相关计算公式如下。

固定资产账面价值=固定资产原价−净残值−累计折旧−已计提的减值准备

折旧率的计算要根据不同的折旧方法来确定，但均以计算出的固定资产账面价值为基础。

①已计提减值准备的固定资产在计提折旧时，应按固定资产的账面价值和尚可使用的年限，重新计算确定折旧率和折旧额，而对未计提减值准备前已计提的累计折旧不做调整。

案例分析
对已计提减值准备的固定资产计提折旧

红枫制造公司在2017年1月1日购入一项固定资产，原价为46.5万元，预计净残值0，使用年限10年。由于诸多因素的影响，企业预计该固定资产在2017年年末可收回的金额只有31.5万元。公司以平均年限法计提折旧。

2017年年末应计提折旧=46.5÷10=4.65（万元）

当年计提了折旧后，固定资产的账面价值=46.5-4.65=41.85（万元），而此时可收回金额预计为31.5万元，所以要计提减值准备，金额为10.35元（41.85-31.5）。

在剩余的9年内，每年应计提折旧=（46.5-4.65-10.35）÷9=31.5÷9=3.5（万元）

案例中，公司选择的折旧方法不同，其2017年和以后9年每年的折旧额就会与案例中求得的结果不同。另外，如果已计提减值准备的固定资产的价值又恢复了，则按固定资产价值恢复后的账面价值和尚可使用年限，重新计算折旧率和折旧额。

比如，上述案例中的公司在2018年年末，固定资产的可回收金额增加到了40万元，则2018年应根据这个40万元和尚可使用年限8年来确定折旧率和折旧额。

②净残值调整后，固定资产计提折旧的基数会发生变化，因此，计提出的折旧额就会发生变化。

【例】上述案例中，如果固定资产的预计净残值为2.5万元，则：

第一年应计提的折旧额=（46.5-2.5）÷10=4.4（万元）

在其他条件不变的情况下：

2017年年末固定资产账面价值=46.5-4.4=42.1（万元）

该账面价值与可收回金额31.5万元相比：

需要计提减值准备=（42.1-31.5）=10.6（万元）

在剩余的9年里，每年应计提折旧=（46.5-4.4-2.5-10.6）÷9=3.22（万元）。

除此之外，资产评估时确认固定资产的价值有了变化，也会影响后期折旧的计提。

NO. 053 贷款承诺费的计算

贷款承诺费也称"信贷承诺费"或"承担费"，指银行对已承诺贷给客户而客户又没有使用的那部分资金收取的费用。也就是说，企业应按未提贷款金额向银行或其他金融机构支付承诺费，作为对银行或其他金融机构因承担贷款责任而受到利息损失的补偿。计算公式如下。

> 贷款承诺费=（贷款总金额-年内实际使用贷款金额）×承诺费率

案例分析

向银行借钱需要交一定的承诺费

某企业与银行签订了借款协议，借款总额为500万元，承诺费率为0.4%。2017年1月1日从银行借入250万元，8月1日又借入150万元，则企业总共需要向银行支付多少承诺费呢？

在500万元中，有100万元是整年都没有使用的，而后借入的150万元有7个月（1~7）没有使用，所以：

承诺费=100×0.4%+150×0.4%×（7÷12）=0.4+0.35=0.75（万元）

企业与银行签订的借款协议，规定的承诺费率一般以年为单位，若贷款未使用期间为月，则需要对承诺费率进行比例分配。

NO. 054 借款有补偿性余额时的实际利率

补偿性余额是银行要求借款人在银行中保持按贷款限额或实际借用额的一定百分比（一般为10%~20%）计算出的最低存款余额。该举措有助于银行降低贷款风险，但对企业来说，补偿性余额提高了借款的实际利率，会加重企业的利息负担。相关计算公式如下。

借款实际利率=实际借款金额×年利率÷实际可动用的贷款金额

或，借款实际利率=年利率（名义利率）÷（1-补偿性利率）

这里的补偿性利率即补偿性余额比率。

【例】某企业按年利率9.5%向银行借款100万元，期限为两年，银行要求保留10%的补偿性余额，那么，该项贷款的实际利率是多少呢？

实际利率=9.5%÷（1-10%）=10.56%

但在实际经营过程中，企业向银行取得的长期借款所对应的利息是可以在税前扣除的，所以，长期借款的实际利率计算公式如下。

借款实际利率=年利率（名义利率）×（1-企业所得税税率）÷
（1-补偿性余额比例）

也就是说，上述案例中，借款实际利率=9.5%×（1-25%）÷（1-10%）=7.92%。

NO. 055 分期等额偿还贷款时的实际利率

分期等额偿还贷款有两种形式：一是分期等额本息；二是分期等额本金。分期等额本息是在还款期内，每月偿还同等数额的本息和金额；分期等额本金是在还款期内，每月偿还同等数额的本金和对应的利息。下面以分期等额本息为例，讲解相关的计算计算公式。

实际利率=2×n×名义利率÷（n+1）

式中的n为分期数。

案例分析

分期等额本息偿还借款

某企业从银行借入年利率为9.5%的借款100万元，贷款期限为两年，每个月等额偿还本息，则该项借款的实际利率为多少呢？

实际利率=2×2×9.5%÷（2+1）=12.67%。

每年偿还的具体金额如表4-4所示。

表4-4

年	年偿还额	利息支付额	本金偿还额	本金剩余额
0	–	–	–	1000000
1	597085	126700	470385	529615
2	597085	67102	529615	0
合计	1194170	193802	1000000	

由表可知，偿还总额为1194170元，其中，利息支付额为193802元，则两者的差额=1194170-193802=1000368（元），与实际本金100万元相差368元，这是分期等额本息偿还借款方式下的计算误差。

拓展学习 **完全分期等额偿还与部分分期等额偿还**

完全分期等额偿还是指贷款本息按某一相同的金额定期偿付，而不是在到期日一次还本付息。

部分分期等额偿还是指部分贷款分期等额偿付，其余部分贷款分期付息、到期一次还本。

NO. 056 银行借款的资本成本率

向银行借款的资本成本包括借款利息和借款手续费用，其中，手续费用是筹资费用的具体表现，而利息费用在税前支付，可以抵税，一般计算税后资本成本率，以便与权益资本成本率相区别。

拓展学习 *什么是权益资本成本率*

权益资本成本率是指企业通过发行普通股票获得资金而付出的代价，它等于股利收益率加资本利得收益率，即股东的必要收益率。

从财务管理学的角度看，权益资本成本率也称为权益资本成本，包括普通股成本和留存收益成本。其中，留存收益成本又可称为内部权益成本，普通股成本又可称为外部权益成本。

向银行借款的资本成本率的计算公式如下。

银行借款资本成本率=年利率×（1-所得税税率）÷（1-手续费率）×100%

案例分析

申请长期借款的资本成本率计算

红枫制造公司于2017年年初向银行申请了525万元的长期借款，期限为5年，年利率为9.5%，每年付息一次，到期一次还本。已知借款手续费率为0.2%，企业所得税税率为25%，则该笔借款的资本成本率为多少？

银行借款资本成本率=9.5%×（1-25%）÷（1-0.2%）×100%=7.14%

银行借款资本成本=5250000×7.14%=374850（元）

NO. 057 税后债务成本

税后债务成本是金融会计的专业用语，先根据企业负息债务的具体情况计算出税前债务成本，然后根据企业适用的所得税税率计算出债务税后成本。利息的抵税作用使得负债的税后成本低于税前成本，具体计算公式如下。

> 税后债务成本=税前债务成本×（1-所得税税率）

因为利息可以免税，实际上政府支付了部分债务成本，所以公司的税后债务成本要小于债权人要求的收益率。

案例分析

通过税前债务成本核算税后债务成本

某公司近期因资金周转不灵，于是向合作公司借了20万元的款项，协议约定3个月后偿还，按照年利率为8%计算利息，则该笔借款的税后债务成本是多少？

税前债务成本=200000×8%×（3÷12）=4000（元）

税后债务成本=4000×（1-25%）=3000（元）

优先股成本的估计方法与债务成本类似，不同的只是其股利在税后支付，没有"政府补贴"，其资本成本会高于债务。

案例分析

优先股的资本成本率

H公司是深圳的一家股份有限公司，在2017年发行了一些优先股，每股面值150元，股息率为10%，每年付息一次。当时的市价为165元，需要承担每股3元的发行成本，那么这些优先股的资本成本率是多少？

资本成本率=150×10%÷（165-3）=9.26%

根据股票的股数、面值和资本成本率，就可核算出这些优先股的准确资本成本。

NO. 058 公司价值分析法优化资本结构

公司价值分析法也称"比较公司价值法"，是通过计算和比较各种资金结构下公司的市场总价值来确定最佳资金结构的方法。该方法充分考虑了资金的时间价值，以公司市场价值为标准进行资本结构优化。相关计算公式如下。

公司的市场总价值=股票的总价值+债券的价值

式中的股票总价值即为"权益资本价值"，债券的价值即"债务资金价值"。

如果公司各期的EBIT（息税前利润）保持不变，债务资金的市场价值等于其面值，则权益资本的市场价值可通过下式计算得出。

权益资本的市场价值=（息税前利润-债务利息）×（1-所得税税率）÷权益资本的必要报酬率

权益资本的必要报酬率=税前债务利息率+股票的β系数×（证券市场平均报酬率-无风险报酬率）

案例分析

测算公司价值，优化资本结构

假定红枫制造公司各期的息税前利润保持不变，为150万元，债务资金为60万元，税前债务利息率为6%，所得税税率为25%。假设无风险报酬率为7%，证券市场平均报酬率为10%，β系数为1.5，则公司的市场总价值为多少呢？

权益资本的必要报酬率=6%+1.5×（10%-7%）=10.5%

公司的市场总价值=[1500000-（600000×6%）]×（1-25%）÷10.5%+600000=10457142.86+600000=11057142.86（元）

根据资本结构理论的有关假设，公司价值实际上是其未来现金流量的现值，相应地，债券和股票的价值都应按其未来现金流量进行折现。

企业应分别测算不同资本结构下的公司价值和综合资本成本，选择公司价值最大、综合资本成本最低的资本结构作为企业最优的资本结构。

拓展学习 *公司价值分析法的理论假设和分析过程*

理论假设：公司的债务全部是平价的长期债务，分期付息、到期还本，不考虑筹资费用。

分析过程第一步：如果公司的债务是平价债务，分期付息，则长期债务的账面价值就等于其面值。

分析过程第二步：由于负债受外部市场波动的影响比较小，所以一般情况下，负债的市场价值就等于其账面价值。

分析过程第三步：要想确定公司的市场总价值，关键是确定股东权益的市场总价值，即公司股票的价值。

在实际经营过程中，公司价值不能只是依据公司价值分析法得出的公司市场总价值来确定，而要结合公司的偿债能力、经营能力、盈利能力和发展能力来判断公司的价值。

这里提到的偿债能力、经营能力、盈利能力和发展能力等，将在本书最后一章的财务报表分析中进行具体讲解。

随身查

财务人员必会的200个专业公式（案例版）

S

Search 筹资与投资活动的核算公式 🔍

在企业的长期经营过程中，除了日常的购、产、销活动外，还可能发生筹资或投资活动。筹资活动能为企业解决资金困难，而投资活动则可以为企业赚取额外收益，这两方面都有利于企业的发展，所以财会人员要懂得如何计算相关的数据。

…………

NO. 059 名义利率与实际利率

以"年"为基本计算期，如果每年计算一次复利，此时给出的年利率即为名义利率；而实际利率是指物价不变，使货币购买力不变的利息率。但物价上涨是一种普遍趋势，因此，名义利率是指包括了补偿通货膨胀风险的利率，两者之间的关系如下。

实际利率＝（1+名义利率）÷（1+通货膨胀率）－1

⬆ 变形调整

通货膨胀率+1＝（1+名义利率）÷（1+实际利率）

⬆ 化解等式

通货膨胀率+1＝名义金额÷实际金额＝基期金额×（1+名义利率）÷[基期金额×（1+实际利率）]

等式右边的"−1"移至等式左边 ⬆ 变形调整
为"+1"

通货膨胀率＝（名义金额−实际金额）÷实际金额＝名义金额÷实际金额−1

在通货膨胀条件下，市场中的各种利率都是名义利率，而实际利率不能直接感受或获取。通常，名义利率大于通货膨胀率，两者之差即为实际利率。

案例分析

考虑通货膨胀和征收利息税的影响，计算名义利率对应的实际利率

某金融市场的名义利率为10%，若通货膨胀率为5%，那么实际利率是多少呢？

实际利率＝（1+10%）÷（1+5%）−1＝4.76%

如果国家对该金融市场的利息征收8%的利息税，则此时的实际利率又会是多少呢？

征收利息税后的实际利率=[1+10%×（1−8%）]÷（1+5%）−1=4%

以"年"为基本计算期，如果每年计息多次，并将全年利息额除以年初本金，此时得到的利率为实际利率。相关计算公式如下。

实际利率=$[1+（名义利率÷n）]^n−1$

式中，n为一年计息的总次数。

【例】某企业向银行借款500万元，借款期3年，年利率为5%，如果每半年复利一次，那么实际利率会是多少呢？

实际利率=$[1+（5\%÷2）]^2−1=5.06\%$

NO.060 单利现值与终值

单利现值和终值与资金时间价值有关，资金时间价值即我们常说的货币时间价值，是指在不考虑通货膨胀与风险性因素的影响下，资金在其周转使用过程中随着时间的变化而变化的价值，实质是资金周转使用后带来的利润或实现的增值。

所以，资金在不同时点上的价值是不同的，比如今天的1元与一年后的1元是不等值的。货币时间价值的计算有两种方法：一是只对本金计算利息的单利法；二是对本金和已生成的利息同时计息的复利法。

在计算货币时间价值时，现值即"本金"，指货币现在的价值；终值即"本利和"，指货币经过若干时期后包括本金和时间价值（利息）的未来价值。我国银行一般按照单利计算利息，公式如下。

$$F=P+I=P+P×i×t=P×（1+i×t）$$

式中，P表示本金，即现值；i表示利率；I表示利息；F表示本利和，即终值；t表示时间。

案例分析

将钱存入银行，多年后获得单利终值

某企业将多余的现金50万元存入银行，由于预计3年内不会使用到这笔钱，所以决定将存款期设置为3年，年利率为2.75%，计算一年后、两年后和3年后的终值是多少？

一年后终值=500000×（1+2.75%）=513750（元）

两年后终值=500000×（1+2.75%）+500000×2.75%=500000×（1+2.75%×2）=527500（元）

3年后终值=500000×（1+2.75%）+500000×2.75%+500000×2.75%=500000×（1+2.75%×3）=541250（元）

单利现值的计算就是确定未来终值的现在价值，计算公式如下。

$$P=F-I=F-F \times i \times t=F \times (1-i \times t)$$

【例】某企业打算存入一笔钱到银行，存期为3年，利率为2.75%。如果想要在单利法下3年后的终值为50万元，则现在应存入的钱是多少？

P=500000×（1-2.75%×3）=458750（元）

NO. 061 复利终值

复利终值是指一定数量的本金在一定利率下，按复利法（俗称"利滚利"）计算出的若干时期后的本利和。相应的计算公式如下。

一年后的终值$F_1=P+P \times i=P \times (1+i)$

两年后的终值$F_2=F_1+F_1 \times i=F_1 \times (1+i)=P \times (1+i) \times (1+i)$
$$=P \times (1+i)^2$$

n年后的终值$F=P \times (1+i)^n$

公式中，（1+i）^{n}称为复利终值系数，用符号（F/P，i，n）表示。在日常计算复利终值时，一般都会有一个《复利终值系数表》，方便我们快速计算出复利终值，同时还能在知道复利终值F和利率i的情况下查出计息期n，或在知道复利终值F和计息期n的情况下查出存款利率i。

案例分析

将钱存入银行，多年后获得复利终值

某企业将多余的现金50万元存入银行，预计3年内不会使用到这笔钱，所以决定将存款期设置为3年，年利率为2.75%，计算一年后、两年后和三年后的终值是多少？

一年后终值=500000×（1+2.75%）=513750（元）

两年后终值=500000×（1+2.75%）^{2}=527878.13（元）

三年后终值=500000×（1+2.75%）^{3}=542394.77（元）

该案例中，复利终值系数为（F/P，2.75%，3）。

NO. 062 复利现值

复利现值的计算就是确定未来复利终值的现在价值，即将多年后的一笔资金按一定的年利率折算为现在的价值。由终值求现值称为折现，折算时使用的利率称为折现率。相关计算公式如下。

$$P=F÷[（1+i）^n]=F×（1+i）^{-n}$$

公式中，（1+i）$^{-n}$称为复利现值系数，用符号（P/F，i，n）表示。在日常计算复利现值时，一般会有一个《复利现值系数表》，方便我们快速计算复利现值，还能在知道复利现值P和利率i的情况下查出计息期n；或在知道复利现值P和计息期n的情况下查出存款利率i。

【例】某企业打算存入一笔钱到银行，存期为3年，利率为2.75%。如果想要在复利法下3年后的终值为50万元，则现在应存入的钱是多少？

P＝500000×（1+2.75%）$^{-3}$＝460918.90（元）

NO.063 普通年金终值

这里的年金是指一定时期内一系列相等金额的收付款项，比如分期付款赊购、分期偿还贷款、发放养老金、支付租金和提取折旧等都属于年金收付形式。按照收付的次数和支付的时间划分，年金可分为普通年金、预付年金、递延年金和永续年金。

普通年金是指每期期末有等额的收付款项，又称后付年金。普通年金终值是指一定时期内每期期末等额收付款项的复利终值之和。相关公式如下。

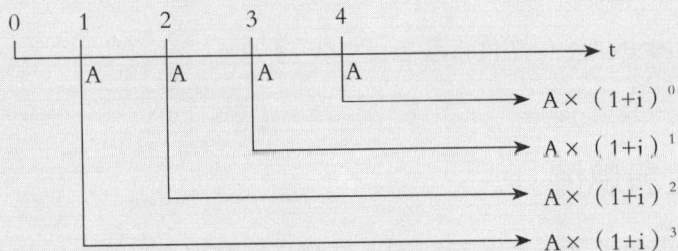

$$F=A+A×(1+i)+A×(1+i)^2+\cdots+A×(1+i)^{n-1}$$

等式两边同乘（1+i）

$$F×(1+i)=A×(1+i)+A×(1+i)^2+A×(1+i)^3+\cdots+A×(1+i)^n$$

下方公式减上方公式

$$F×(1+i)-F=A×(1+i)^n-A$$

变形

$$F×i=A×[(1+i)^n-1]$$

变形

$$F=A×[(1+i)^n-1]÷i$$

公式中，"$[(1+i)^n-1]\div i$"通常称为年金终值系数，用符号（F/A，i，n）表示；A为每年收付的金额，即年金；i为利率；F为年金终值；n为期数。在日常计算年金终值时，一般会有一个《年金终值系数表》，方便我们快速计算年金终值，还能在知道年金终值F、利率i和年金A的情况下查出期数n；或在知道年金终值F、期数n和年金A的情况下查出存款利率i。

案例分析
年金终值与年金的计算

某公司每年在银行存入10万元，计划在10年后更新设备。已知存款利率为7%，到第10年末，公司能筹集多少资金呢？

$F=100000\times[(1+7\%)^{10}-1]\div 7\%=1381644.80$（元）

如果该公司计划在5年后改造厂房，预计需要500万元，而当前银行存款利率为7%，那么，该公司在这5年中每年年末要存入多少钱才能满足改造厂房的资金需求（该情况与更新设备没有关系）？

$5000000=A\times[(1+7\%)^5-1]\div 7\%$，$A=869453.47$（元）

NO. 064 普通年金现值

普通年金现值是指一定时期内每期期末收付款项的复利现值之和，相关计算公式如下。

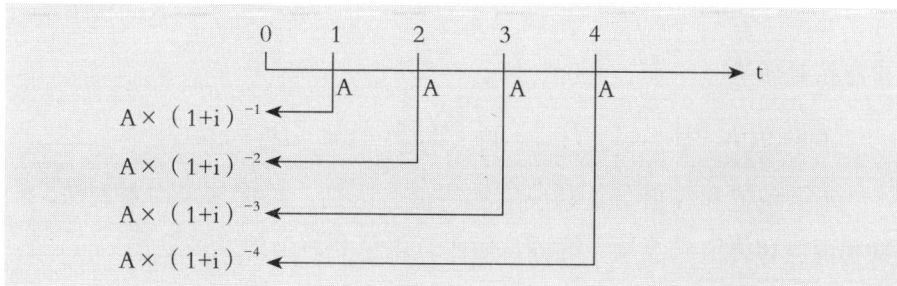

$$P=A (1+i)^{-1}+A \times (1+i)^{-2}+\cdots+A \times (1+i)^{-n}$$

等式两边同乘（1+i）⬇

$$P \times (1+i) =A+A \times (1+i)^{-1}+\cdots+A \times (1+i)^{1-n}$$

下方公式减上方公式 ⬇

$$P \times (1+i) -P=A-A \times (1+i)^{-n}$$

变形 ⬇

$$P \times i=A \times [1- (1+i)^{-n}]$$

变形 ⬇

$$P=A \times [1- (1+i)^{-n}] \div i$$

公式中，"$[1-(1+i)^{-n}] \div i$"通常称为年金现值系数，用符号（P/A，i，n）表示；P为年金现值，其他符号的含义与年金终值公式中的符号含义一致。在日常计算年金现值时，一般会有一个《年金现值系数表》，方便我们快速计算年金现值，还能在知道年金现值P、利率i和年金A的情况下查出期数n；或在知道年金现值P、期数n和年金A的情况下查出存款利率i。

案例分析

年金现值与年金的计算

某公司预计在10年内，从一名顾客处每年收取7000元的汽车贷款还款，已知贷款利率为6%，那么，该顾客当年借了公司多少钱（即这笔汽车贷款的现值是多少）？

$$P=7000 \times [1- (1+6\%)^{-10}] \div 6\%=51520.61 （元）$$

如果另一名顾客向公司借了10万元汽车贷款，协议规定10年内还清，已知贷款利率为6%，则该顾客每年应向公司偿还多少元的汽车贷款才能按时还请？

$$100000=A \times [1- (1+6\%)^{-10}] \div 6\%，A=13586.96 （元）$$

年金现值和终值与复利现值和终值有区别，虽然都采用复利法，但复利现值和终值只涉及一笔钱，而年金现值和终值涉及多笔钱。

预付年金终值

预付年金是指每期期初有等额的收付款项，预付年金终值是指一定时期内每期期初等额收付款项的复利终值之和。相关计算公式如下。

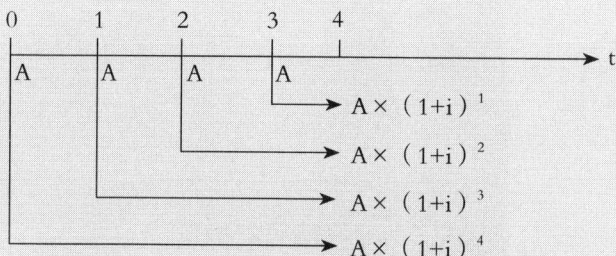

$$F=A\times(1+i)+A\times(1+i)^2+\cdots+A\times(1+i)^n$$

等式两边同乘（1+i）

$$F\times(1+i)=A\times(1+i)^2+A\times(1+i)^3+\cdots+A\times(1+i)^{n+1}$$

下方公式减上方公式

$$F\times(1+i)-F=A\times(1+i)^{n+1}-A\times(1+i)$$

变形

$$F\times i=A\times[(1+i)^{n+1}-(1+i)]$$

变形

$$F=A\times\{[(1+i)^{n+1}-1]\div i-1\}$$

公式中，"$[(1+i)^{n+1}-1]\div i-1$"称为预付年金终值系数，它是在普通年金终值系数的基础上，期数加1，系数减1求得的，可表示为$[(F/A,i,n+1)-1]$。在日常计算预付年金终值时，参考《年金终值系数表》，得（n+1）期的值，然后减去1可得对应的预付年金终值系数的值。比如（F/A，6%，4+1）的值为5.6371，再减去1，即$[(F/A,6\%,4+1)-1]$的预付年金终值系数为4.6371。

从上述计算可看出，预付年金与普通年金的付款期数相同，但由于其付款时间不同，预付年金终值比普通年金终值多计算一期的利息。因此，可在普通年金终值公式的基础上乘（1+i），就是预付年金的终值。

案例分析
租赁生产设备，计算10年后的总付款额

G公司租了一台生产设备，每年年初向租赁公司支付租金50000元，年利率为10%，公司计划租用10年，10年后共支付多少钱？

$$F=50000×\{[(1+10\%)^{10+1}-1]÷10\%-1\}=876550（元）$$

或者也可以利用 $[(F/A, 10\%, 10+1)-1]$，查阅《年金终值系数表》得 $(F/A, 10\%, 10+1)=18.531$。

$$F=50000×(18.531-1)=876550（元）$$

NO. 066 预付年金现值

预付年金现值是指一定时期内每期期初收付款项的复利现值之和，相关计算公式如下。

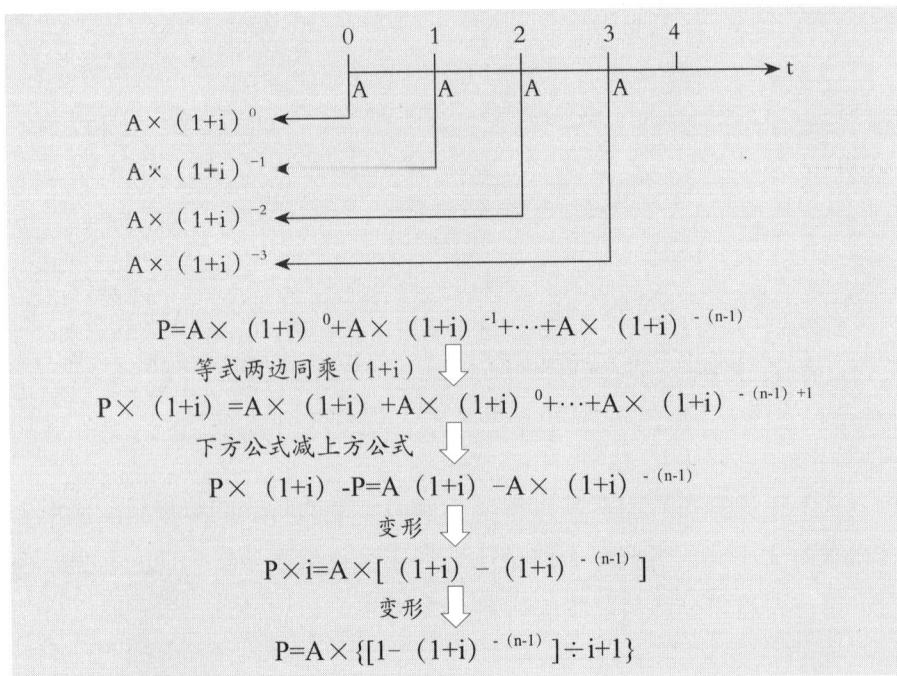

$$P=A×(1+i)^0+A×(1+i)^{-1}+\cdots+A×(1+i)^{-(n-1)}$$

等式两边同乘（1+i）⬇

$$P×(1+i)=A×(1+i)+A×(1+i)^0+\cdots+A×(1+i)^{-(n-1)+1}$$

下方公式减上方公式⬇

$$P×(1+i)-P=A(1+i)-A×(1+i)^{-(n-1)}$$

变形⬇

$$P×i=A×[(1+i)-(1+i)^{-(n-1)}]$$

变形⬇

$$P=A×\{[1-(1+i)^{-(n-1)}]÷i+1\}$$

公式中，"[1-（1+i）$^{-(n-1)}$]÷i+1"称为预付年金现值系数。它是在普通年金现值系数的基础上，期数减1，系数加1求得的，可表示为[（P/A，i，n-1）+1]。在日常计算预付年金现值时，参考《年金现值系数表》，得（n-1）期的值，然后加1可得对应的预付年金现值系数的值。比如（P/A，8%，4-1）的值为2.5771，再加1，即[（P/A，8%，4-1）+1]的预付年金现值系数为3.5771。

从上述计算可知，预付年金与普通年金的付款期数相同，但由于付款时间不同，预付年金现值比普通年金现值少折算一期利息。因此，可在普通年金现值的基础上乘（1+i），就是预付年金的现值。

案例分析

分期付款买厂房需支付多少现金

某企业分期付款购买一栋厂房，每年年初支付10万元，约定15年的还款期，假设银行借款利率为7%，那么该项分期付款如果在当前就一次性支付，需要支付现金多少钱？

P=100000×{[1-（1+7%）$^{-(15-1)}$]÷7%+1}=974550（元）

或者也可以利用[（P/A，i，n-1）+1]，查阅《年金现值系数表》得（P/A，i，n-1）=8.7455。

P=100000×（8.7455+1）=974550（元）

NO. 067 递延年金终值和现值

递延年金指第一次收付款发生时间在第二期或第二期以后的各期，它是普通年金的特殊形式，一般用m表示递延期数，n表示发生收付款的期数。递延年金终值的计算方法与普通年金终值的计算方法类似，其终值大小与递延期数无关，而递延年金现值指若干期后每期期末收付等额款项的现值之和，其现值大小与递延期数有关。具体计算公式如下。

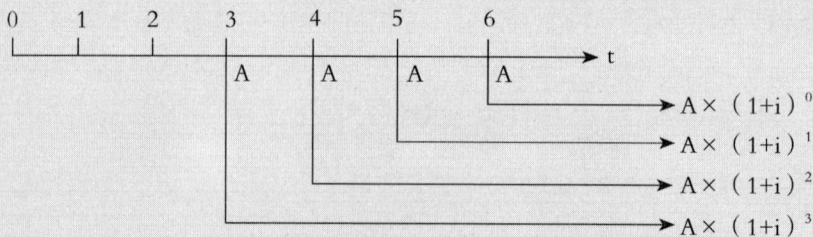

参考普通年金终值的计算公式，即 $F=A\times[(1+i)^n-1]\div i$ 或 $F=A\times(F/A,i,n)$。

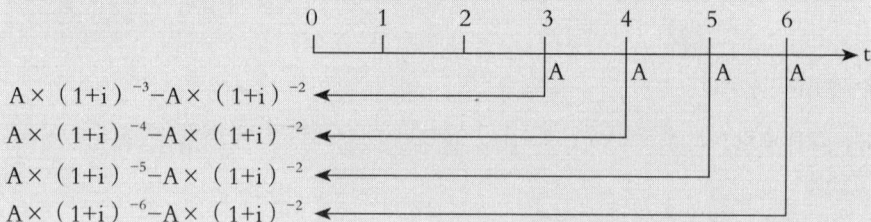

参考普通年金现值的计算公式，即 $P=A\times[1-(1+i)^{-n}]\div i$ 或 $P=A\times(P/A,i,n)$。在实际计算工作中有两种方法，具体介绍如下。

①先把递延年金看做n期普通年金，计算出递延期期末的现值；再将已计算出的现值折现到第一期期初，即 $A\times(P/A,i,n)\times(P/F,i,m)$。

②先计算出（m+n）期的年金现值，然后计算m期的年金现值，再将计算出的（m+n）期年金现值扣除递延m期的年金现值，得出n期的年金现值，如上图，即 $A\times(P/A,1,m+n)-A\times(P/A,1,m)$。

案例分析

递延年金现值的两种计算方法

以NO.066中的案例为基础，如果企业与房地产开发商订立的合同规定企业从签订合同后的第3年开始，每年年初支付10万元房屋贷款，约定15年的还款期，假设银行借款利率一直不变，即7%，那么该项分期付款如果在签订合同的第一年年初就一次性支付，需要支付现金多少钱？

方法一：先计算15期的普通年金现值。

P=100000×[1−（1+7%）$^{-15}$]÷7%=910791.4（元）

再将已计算出的普通年金现值折现到第1期的期初，即将计算出的普通年金现值进行复利现值计算。

P$_{递}$=P×（1+7%）$^{-2}$=910791.4×0.8734=795485.21（元）

方法二：先计算17期（15+2）的普通年金现值。

P$_{m+n}$=100000×[1−（1+7%）$^{-17}$]÷7%=976320（元）

然后计算递延m期的普通年金现值。

P$_{m}$=100000×[1−（1+7%）$^{-2}$]÷7%=180800（元）

最后计算递延年金最终现值。

P$_{递}$=P$_{m+n}$−P$_{m}$=976320−180800=795520（元）

两种方法计算出的递延年金现值不一致，是因为在进行指数运算时有四舍五入的近似预算差异。

NO.068 永续年金

永续年金是指无限期支付的年金，比如优先股股利。由于永续年金持续期无限，没有终止时间，所以没有终值只有现值。永续年金也可视为普通年金的特殊形式，即期限趋于无穷的普通年金，其计算公式可由普通年金现值公式推导出。

$$P=A×[1 \quad (1+i)^{-n}]÷i$$

当n→∞时，（1+i）$^{-n}$→0，则：

$$P=A÷i$$

此永续年金公式在企业价值评估和企业并购活动中用来确定目标企业的价值。

【例】某企业有一项每年年底收入为1000元的永续年金投资，利息率为8%，换算其现值大概会有多少钱？

P=1000÷8%=12500（元）

NO.069 年金成本的核算

年金成本指每期相等金额的投资额对应的成本，只有在特定条件下（不考虑所得税且每年营运成本相等）才易计算某项投资的年金成本，具体公式如下。

年金成本=∑各项目现金净流出的现值÷年金现值系数

= （原始投资额-残值收入×一般现值系数+∑年营运成本的现值）÷年金现值系数

= （原始投资额-残值收入）÷年金现值系数+残值收入×贴现率+∑（年营运成本的现值）÷年金现值系数

其中，一般现值系数=1-贴现率×年金现值系数。

案例分析
通过计算年金成本来判断更换设备的决定是否可行

红枫制造公司有一台旧设备，为了提高生产效率，管理者打算更新设备。已知当前贴现率为12%，假设不考虑所得税因素的影响，新旧设备的对比资料如表5-1所示。

表5-1

参数	旧设备	新设备
原价（元）	40000	41000
预计使用年限	10年	10年
已使用年限	5年	0年
税法残值（元）	5000	4000

续表

参数	旧设备	新设备
最终报废残值（元）	4000	3500
目前变现价值（元）	12000	41000
每年折旧费（直线法）（元）	3500	3700
每年营运资本	10500	8000

与年金成本的公式相对照，代入相关数据可知：

继续使用旧设备的年金成本=[12000-4000×（P/F，12%，6）+10500]÷（P/A，12%，6）=[12000-2026.4+10500]÷0.5066=40413.74（元）

使用新设备的年金成本=[41000-3500×（P/F，12%，6）+8000]÷（P/A，12%，6）=[41000-1773.1+8000]÷0.5066=93223.25（元）

93223.25-40413.74=52809.51（元），52809.51÷6=8801.59（元）

由案例计算结果可知，继续使用旧设备的年金成本为40413.74元，低于同样年限的新设备使用年金成本93223.25元，每年可节约8801.59元，所以应该继续使用旧设备。

NO. 070 年金净流量

项目期间内，全部现金净流量总额的总现值或总终值折算为等额年金的平均现金净流量，称为年金净流量。类似于假设计算出净现值，然后求年金，计算公式如下。

年金净流量=现金净流量总现值（或总终值）÷年金现值系数

年金净流量的结果若大于0，说明每年平均现金流入能抵补现金流出，投资项目的净现值大于0，方案的报酬率大于企业要求的报酬率，方案可行；若结果小于0，说明每年平均现金流入不能抵补现金流出，投资项目的净现值小于0，方案的报酬率不乐观，不可行。在两个或两个以上寿命期不同的投资方案比较时，年金净流量越大，方案越好。

案例分析

计算年金净流量，判断方案的可行性

红枫制造公司为了扩大收益范围，决定进行一项投资。目前企业内部的财务管理机构拟定了两个投资方案，一是一次性投资10万元，寿命期为8年，残值为10000元，每年赚取净利润30000元；二是一次性投资10万元，寿命期为5年，无残值，第1年获利20000元，以后每年递增10%。如果资本成本率为10%，则选择哪一个方案进行投资比较好呢？

由于两个方案的寿命期不同，所以不能以净现值做对比，应考虑它们的年金净流量。

方案一的每年现金净流量=30000+（100000−10000）÷8=41250（元）

净现值=41250×（P/A，10%，8）+10000×（P/F，10%，8）−100000

=41250×5.3349+10000×0.4665−100000=124729.63（元）

年金净流量=124729.63÷（P/A，10%，8）=23379.94（元）

方案二的第1年现金净流量=20000+100000÷5=40000（元）

方案二的第2年现金净流量=20000×（1+10%）+100000÷5=42000（元）

方案二的第3年现金净流量=20000×（1+10%）^{2}+100000÷5=44200（元）

方案二的第4年现金净流量=20000×（1+10%）^{3}+100000÷5=46620（元）

方案二的第5年现金净流量=20000×（1+10%）^{4}+100000÷5=49282（元）

净现值=40000×（P/F，10%，1）+42000×（P/F，10%，2）+44200×（P/F，10%，3）+46620×（P/F，10%，4）+49282×（P/F，10%，5）=40000×0.9091+42000×0.8264+44200×0.7513+46620×0.6830+49282×0.6209−100000=66720.91（元）

年金净流量=66720.91÷（P/A，10%，5）=17600.75（元）

对比可知，方案二的年金净流量＜方案一的年金净流量，所以选择方案一更好。

NO.071 估计债券价值

典型的债券是利率固定、每年计算并支付利息、到期偿还本金的有价证券，其价值的计算公式如下。

> 债券价值=未来每期利息的现值+到期本金的现值

案例分析

计算不同市场利率下同一批债券的价值

红枫制造公司于2017年年初发行了一轮债券，面值为800元，偿还期为15年，票面利率为10%。那么，当市场利率分别为8%、10%和12%时，债券的价值分别是多少？

市场利率8%的每张债券价值=800×8%×（P/A，10%，15）+800×（P/F，10%，15）=800×8%×7.6061+800×0.2394=678.31（元）

市场利率10%的每张债券价值=800×10%×（P/A，10%，15）+800×（P/F，10%，15）=800×10%×7.6061+800×0.2394=800.01（元）

市场利率12%的每张债券价值=800×12%×（P/A，10%，15）+800×（P/F，10%，15）=800×12%×7.6061+800×0.2394=921.71（元）

由上述案例可知，市场利率会影响债券的价值。除此之外，我们还可推测出如下结论。

①偿还期、市场利率不变时，票面利率越高，（P/A，i，n）的值越小，（P/F，i，n）的值也越小，即债券价值越小。

②票面利率、市场利率不变时，偿还期越长，（P/A，i，n）的值越

大，（P/F，i，n）的值越小，此时债券价值要以最终结果进行比较。

另外，一年内付息频率越高，债券的价值越小。

NO. 072 债券的收益率

债券的收益率也称为债券的到期收益率，是指以特定价格购买债券并持有至到期日所能获得的收益率，也是使未来现金流量现值等于债券买入价格的贴现率（即内含报酬率），用来衡量债券的收益水平。该收益率通常按复利计算，有关计算公式如下。

$$P=I\times（P/A，i，n）+M\times（P/F，i，n）$$

式中，P表示现值；I为票面利息；P/A表示每年付息，与年金有关；M表示债券面值；P/F表示到期偿还本金；i表示贴现率，通俗点讲就是市场利率。

案例分析
求债券投资的贴现率

以NO.71中的案例为基础，假定某投资者目前以691.03元的价格购买了一份红枫制造公司的债券，面值为800元，每年付息一次，到期归还本金，票面利率为10%，偿还期为5年，持有至到期日，求债券投资的贴现率。

$691.03=800\times10\%\times（P/A，i，15）+800\times（P/F，i，15）$，i=12%

如果以936.92元的价格购买了同样的债券，持有至到期日，i=8%。

如果以800元的价格购买同样的债券，持有至到期日，i=10%。

计算结果表明，折价债券的内部收益率高于票面利率；溢价债券的内部收益率低于票面利率；平价债券的内部收益率等于票面利率。

通常，我们也可用简便算法对债券内部收益率做估计，公式如下。

$$i=[I+（M-P）÷n]÷[（M+P）÷2]×100\%$$

式中，P表示债券的当前购买价格；M表示债券面值；n表示债券期限。

通过简便算法可直接估算出i=[800×10%+（800-691.03）÷15]÷[（800+691.03）÷2]×100%=11.71%

NO. 073 盈亏平衡点帮助中断亏损项目减少损失

企业进行投资活动，难免会遇到亏损的情况。为了及时中断项目，减少亏损，企业必须要掌握准确的盈亏平衡点，这样才能有效地找准中断投资的时机。盈亏平衡点的计算主要有以下两种形式。

◆ **会计盈亏平衡点**：使企业的会计利润为0的销售水平。项目的成本包括固定成本和变动成本，变动成本=销售量×单位变动成本，相关公式如下。

会计盈亏平衡点=固定成本÷（单位售价-单位变动成本）
=固定成本÷单位边际收益

◆ **财务盈亏平衡点**：指使项目现金净现值为0的销售水平。这考虑了项目投资的机会成本，会得出一个更贴近实际的最低收益率。首先估算达到盈亏平衡时所需的年均现金流量，然后推算出这些现金流量所需的收入水平，最后计算产生这些收入所需的销售量。相关计算公式如下。

年均现金流量=（销售收入-变动成本-固定成本）×（1-所得税税率）+折旧
=[（销售单价-单位变动成本）×销售数量-固定成本]×（1-所得税税率）+折旧
=初始投资÷年金现值系数

式中，年金现值系数为（P/A，i，n），i为资本成本率或市场利率，n为投资期限或固定资产的寿命期。

案例分析

核算财务盈亏平衡点，做好投资项目的"收放"

红枫制造公司在2017年12月底进行了大规模物资清理，为了企业的发展，决定投资50万元扩建一条生产线，该项目的寿命期为15年，设备按直线法计提折旧，没有残值，平均每年折旧费3.33万元。

预期该生产线产出的产品售价为40元/件，固定成本15元/件，单位变动成本为8元/件。适用企业所得税税率为25%，资本成本率为10%。

年均现金流量=500000÷（P/A，10%，15）=500000÷7.6061=65736.71（元），将该数据代入年均现金流量公式：

65736.71=[（40-8）×销售量-15]×（1-25%）+3.33

销售量=2739.40（件）

也就是说，当企业利用该生产线达到每年生产2739.4件产品时，该项生产线投资刚好不亏不盈；如果平均每年生产量超过2739.4件，则该项生产线投资是可以盈利的；如果平均每年生产量达不到2739.4件，则企业的该项生产线投资可能亏损。所以，如果企业连续几年核算出的年平均产量都低于2739.4件，就要及时停止该项投资，或者采取其他措施来提高生产线的产量。

在企业的实际经营管理工作中，一般使用财务盈亏平衡点而不是会计盈亏平衡点。

NO. 074 转换债券的转换比率

转换比率是指每一张转换债券在既定的转换条件下能转换为普通股股票的数量，计算公式如下。

转换比率=转换面值÷转换价格

【例】某公司2015年发行了一轮可转换债券，每份面值1000元。进行转换时，普通股价格（即转换价格）规定为每股50元，求转换比率。

转换比率=1000÷50=20（股）

NO. 075 公司债券资本成本率

公司债券资本成本包括债券利息和债券发行费用。债券可以溢价发行，也可以平价发行，甚至可以折价发行。因此，债券的资本成本率计算公式如下。

债券资本成本率=[年利息×（1-所得税税率）]÷[债券筹资总额×（1-手续费率）]×100%

案例分析

计算公司发行债券的资本成本率

已知红枫制造公司在2016年发行了一批总额为180万元的公司债券，总面额为165万元，期限为8年，票面利率为10%，每年付息一次，到期一次还本。发行时的手续费率为4%，所得税税率为25%。则该批公司债券的资本成本率是多少？

债券的资本成本率=[1650000×10%×（1−25%）]÷[1800000×（1−4%）]×100%=123750÷1728000×100%=7.16%

NO. 076 融资租赁的资本成本率

融资租赁又称设备租赁或现代租赁，是指实质上转移与资产所有权有关的全部或绝大部分风险和报酬的租赁，也就是说，该租赁方式下，资产的所有权最终可以转移，也可以不转移。

在融资租赁各期的租金中，包含当期本金的偿还和当期手续费用，其资本成本率只能按贴现模式计算，具体如下。

每年租金×（P/A，资本成本率，n）=设备原价-预计净残值×（P/F，资本成本率，n）

案例分析

融资租赁生产设备的资本成本率

J公司打算租赁一台生产设备，该设备的原价为40万元，租赁期为5年，期满时的预计净残值为40000元，最终设备所有权还是归租赁公司所有。已知公司每年需要支付租金353059元，则该项融资租赁项目的资本成本率是多少？

353059×（P/F，资本成本率，5）=400000-40000×（P/A，资本成本率，5）

假设资本成本率为x，（P/F，资本成本率，5）为y_1，（P/A，资本成本率，5）为y_2，即353059×y_1+20000×y_2=400000。

查《复利现值系数表》和《年金现值系数表》可知，复利现值y_1和年金现值y_2在n不变时都会随着x的增大而减少，而x=10%时，353059×y_1+40000×y_2=370846（元），所以公司资本成本率小于10%。

当x=5%时，353059×y_1+40000×y_2=449802（元），所以公司资本成本率大于5%。对照《复利现值系数表》和《年金现值系数表》，取5%和10%之间的利率，比如8%，则353059×y_1+40000×y_2=400000（元）。所以，公司的融资租赁项目的资本成本率为8%。

NO. 077 资产的必要收益率

必要收益率又称最低要求的收益率，表示投资者对某资产合理要求的最低收益率。根据资本资产定价模型可知，资产的必要收益率包括无风险收益率和风险收益率，具体计算公式如下。

必要收益率＝无风险收益率＋风险收益率

在财务管理学中，通常将该公式用字母公式表示，即：

$$R=R_f+\beta \times (R_m-R_f)$$

式中，R表示资产的必要收益率；R_f表示无风险收益率；β表示资产的风险系数；R_m表示市场组合收益率，即市场报酬率。如果市场是均衡的，则上述计算公式将变为：

必要收益率＝无风险收益率

案例分析
计算必要收益率，做出投资决定

红枫制造公司在2015年时为了增加企业的利润，购买了某公司发行的股票。已知该笔资产的风险系数为1.5，当时短期国库券利率为4.87%，而股票市场的平均收益率为4%。公司资产的必要收益率是多少？

$$R=4.87\%+1.5 \times (4\%-4.87\%)=3.57\%$$

也就是说，红枫制造公司购买股票时，最低要求的收益率应为3.57%。如果低于3.57%，则公司做股票投资很可能亏钱；而如果收益率高于3.57%，则公司进行股票投资可以获利。

由案例可知，公司的资产必要收益率主要受3个因素的影响：一是无风险收益率；二是风险系数；三是市场平均收益率。

NO. 078 不考虑时间价值的资本成本率

不考虑时间价值的资本成本率可由资本成本的一般模式求得，具体计算公式如下。

> 不计时间价值的资本成本率=年资金占用费÷（筹资总额-筹资费用）
>
> =年资金占用费÷[筹资总额×（1-筹资费用率）]

【例】已知D公司平均每年占用资金500万元，2017年对外筹资总额为2000万元，总共发生筹资费用60万元。

不计时间价值的资本成本率=500÷（2000-60）=25.77%

NO. 079 折现模式下的资本成本率

对企业来说，金额较大且时间超过一年的长期资本需要采用折现模式来计算资本成本率，这样才更准确。折现模式下，当债务未来还本付息或股权未来股利分红的贴现值与当前筹资净额相等时，对应的贴现率即为资本成本率。计算公式如下。

> 债券发行总价或股利分红总额×（1-发行费率）=债券利息或股利分红×（1-所得税税率）×年金现值系数+债券总面值或股票总价×复利现值系数

案例分析

考虑时间价值的资本成本率

K公司2016年发行了一批债券，总面额为1500万元，票面利率为11%，发行费率为4%，偿还期限为5年，所得税税率为25%。已知该债券的发行总价款为1351.24万元，对应的资本成本率是多少？

1351.24×（1-4%）=1500×11%×（1-25%）×（P/A，i，5）+1500×（P/F，i，5），即：

1297.19=123.75×（P/A，i，5）+1500×（P/F，i，5）

因为该债券属于折价发行，所以其资本成本率高于其票面利率。我们试着将i=12%代入计算公式，发现等式两边结果相等，也就是说，该公司发行债券的资本成本率为12%。

如果将i=12%代入计算公式，等式两边的结果明显不相等，则需要试算其他资本成本率。

有的人会觉得这种方法就是将资本成本率试出来，没有具体的计算流程，那么，相关财务人员可利用一定的反推公式直接求出资本成本率，即$[1-(1+i)^{-n}]\div i$和$(1+i)^{-n}$。

$1297.19=123.75\times\{[1-(1+i)^{-5}]\div i\}+1500\times(1+i)^{-5}$

$10.48=[1-(1+i)^{-5}]\div i+12.12\times(1+i)^{-5}$，i=12%。

NO. 080 平均资本成本率

平均资本成本率是将各项资本成本率进行加权平均而得到的总资本成本率，计算公式如下。

$$平均资本成本率=\sum_{m}^{n}K_{m}W_{m}$$

式中，K_{m}表示第m种个别资本成本率，W_{m}表示第m种个别资本在全部资本中所占的比重。

案例分析

所有投资的平均资本成本率

F公司2017年年末，资本账面价值总额为3000万元。其中，银行长期借款900万元，占30%；长期债权900万元，占30%；普通股1200万元（每股面值5元，共2400000股），占40%。这3类资本的资本成本率分别为

6%、8%和10%。那么，该公司的平均资本成本率是多少呢？

平均资本成本率=6%×30%+8%×30%+10%×40%=8.2%

除此之外，相关计算人员还可这样计算平均资本成本率：

平均资本成本率=（6%×9000000+8%×9000000+10%×12000000）÷（9000000+9000000+12000000）=2460000÷30000000=8.2%

NO. 081 加权平均资本成本

加权平均资本成本是指企业以各种资本在企业全部资本中所占的比重为权数，对各种长期资金的资本成本进行加权平均，计算得出的资本总成本。该指标可用来确定具有平均风险的投资项目所要求的收益率，反映了企业资本成本整体水平的高低，其计算公式与平均资本成本率类似，具体如下。

$$平均资本成本率=\sum_{i}^{n}K_iW_i$$

式中，K_i表示第i种个别资本成本，W_i表示第i种个别资本在全部资本中所占的比重（权数）。

案例分析

根据资本情况，对资产进行成本估计

已知市场中的国债收益率为4%，市场平均风险收益率为6%，所得税税率为25%，总资本额为1000万元，L公司现有的资本情况如表5-2所示。

表5-2

资本名称	情况
长期负债	面值10000元的不可赎回债券，票面利率为10%，每半年付息一次，还有5年到期，当前市价为9300.16元，不考虑发行费用，该资本所占比重为30%

资本名称	情况
优先股	面值 1000 元，股息率为 12%，每季度付息，当前市价为 1160 元。如果新发行优先股，需要承担每股 30 元的发行费用，该资本所占比重为 20%
普通股	最近一次支付的股利为 42 元 / 股，当前市价为 500 元，预期股利的增长率为 4%，β 为 1.5，不准备发行新的普通股，该资本所占比重为 50%

①10000×（10%÷2）×（P/A，债券半年利率，10）+10000×（P/F，债券半年利率，10）=9300.16。

假设债券半年利率=6%，即500×7.3601+10000×0.5584=9264.05（元）

假设债券半年利率=5%，即500×7.7217+10000×0.6139=9999.85（元）

（债券半年利率−5%）÷（6%−5%）=（9300.16−9999.85）÷（9264.05−9999.85），债券半年利率=5.95%

债券的年利率=（1+5.95%）^{2}−1=12.25%

债券的税后资本成本率=12.25%×（1−25%）=9.19%

②优先股利息=1000×12%=120（元），季度股息=120÷4=30（元）

季度成本率=30÷（1160−30）=2.65%

年度成本率=（1+2.65%）^{4}−1=11.03%

③最近一次股票成本率=42÷500+4%=12.4%

必要收益率=4%+1.5×6%=13%

平均普通股成本率=（12.4%+13%）÷2=12.7%

④加权平均资本成本率=9.19%×30%+11.03×20%+12.7×50%=11.31%

加权平均资本成本=11.31%×10000000=1131000（元）

一般在对企业的资产进行成本估计时，都直接采用平均资本成本率，较少使用加权平均资本成本率这一指标。

NO. 082 上市股票市价总额

上市股票市价总额是指某一时期内，在证券交易所上市的股票按市场价格（收盘价）计算出的股票总价值。计算公式如下。

> 上市股票市价总额=$\sum$（股票发行数量×对应的市场价格）

【例】某日，在深圳证券交易所上市交易的某公司股票的成交价有8元、9元、9.5元和10元，对应的发行数量为1000万股、2000万股、3000万股和2500万股。

该公司的股票市价总额=8×1000+9×2000+9.5×3000+10×2500
=79500（万元）

NO. 083 股票股利对每股收益的影响

股票股利是企业以增发股票的方式所支付的股利，通常也称为"红股"，是一种股利分配形式。股票股利会影响企业的所有者权益、股票数量、每股市价和每股收益，相关计算公式如下。

> 发放股票股利后的普通股股数=当前普通股股数×发放比例

案例分析

计算公司发放股票股利后的每股收益

K公司在2015年的经营活动中实现了净利润800万元，资产合计为8960万元，当前每股市价为16元，年终利润分配前的所有者权益项目情况如表5-3所示。该公司计划以每15股送1股的方案发放股票股利，股票股利的金额按市价计算。

表 5-3

项目	总额（万元）
股本——普通股（每股面值 5 元，共 160 万股）	1280
资本公积	512
未分配利润	2688
所有者权益合计	4480

发放股票股利后的普通股股数=160+（15:1）=175（万股）

发放股票股利后的普通股股本=5×175=875（万元）

发放股票股利后的未分配利润=2688-160×（1:15）×16=2517.33（万元）

发放股票股利后的资本公积=512+（160÷15）×（16-5）=629.33（万元）

发放股票股利后的所有者权益合计=4480（万元）

每股收益=800÷175=4.57（元）

每股净资产=4480÷175=25.6（元）

NO.084 溢价和折价的摊销

溢价和折价的摊销一般针对债券而言，因为债券涉及摊余成本，而股票不涉及。相关计算公式如下。

1.折价时，期末摊余成本的计算

期末摊余成本=期初摊余成本+本期持有至到期投资的利息调整金额

本期持有至到期投资的利息调整金额=期初摊余成本×实际利率

2.溢价时，期末摊余成本的计算

期末摊余成本=期初摊余成本-本期持有至到期投资的利息调整金额

本期持有至到期投资的利息调整金额=期初摊余成本×实际利率

3.一次还本付息的计算

一次还本付息债券的摊余成本=期初摊余成本+实际利息费用-收回
已偿还的本金

实际利息费用=期初摊余成本×实际利率

4.每次付息、最后一次还本的计算

分期付息债券的摊余成本=期末摊余成本-期初摊余成本+实际利息
费用-应付利息-收回已偿还的本金

实际利息费用=期初摊余成本×实际利率

应付利息=票面面值×票面利率

案例分析
计算每年付息债券的摊余成本

红枫制造公司在2015年1月1日发行了一批3年期债券，面值总额为200万元，票面利率为9.5%。假设市场利率一直保持10%不变，且每年12月31日支付债券利息。则按照实际利率法计算各期摊余成本。

实际发行价格=2000000×（P/F，10%，3）+2000000×9.5%×（P/A，10%，3）＝2000000×0.7513｜190000×2.4869=1975111（元）

由此可知，该批债券为折价发行。

2015年1月1日摊余成本=1975111（元）

应付利息=2000000×9.5%=190000（元）

2015年12月31日实际利息费用=1975111×10%=197511.1（元）

2015年12月31日的期末摊余成本余额=1975111+（197511.1-190000）=1982622.1（元）

2016年12月31日实际利息费用=1982622.1×10%=198262.21（元）

2016年12月31日的期末摊余成本余额=1982622.1+（198262.21-190000）

=1990884.31（元）

2017年12月31日实际利息费用=1990884.31×10%=199088.43（元）

2017年12月31日的期末摊余成本余额=1990884.31+（199088.43－190000）=1999972.74（元）

为了更好地反映这3年来利息与摊余成本的情况，我们编制了如表5-4所示的表格。

表5-4   单位：元

日期	应付利息	实际利息费用	利息调整金额	摊余成本余额
2015 年 1 月 1 日	－	－		1975111
2015 年 12 月 31 日	190000	197511.1	7511.1	1982622.1
2016 年 12 月 31 日	190000	198262.21	8262.21	1990884.31
2017 年 12 月 31 日	190000	199088.43	9088.43	1999972.74
合计	570000	594861.74	24861.74	－

从表格中可以看出，2017年12月31日的摊余成本余额1999972.74元，比总面值200万元少了27.26元，说明该债券的成本在2017年年末过后才能摊销完毕。

由于债券期限为3年，所以在第3年时直接将摊余成本余额以200万元为准。在实际利息费用为199088.43元不变的基础上，利息调整金额合计为9115.69元（2000000－1990884.31）。

NO. 085 投资预期收益率

企业投资的预期收益率又称期望收益率，是指在不确定的情况下，预测的某投资项目未来可实现的收益率。一般计算公式如下。

$$预期收益率 = \sum_{i}^{n} R_i P_i$$

式中，R_i表示情况i可能达到的收益率；P_i表示情况i出现的概率。

案例分析

预测企业投资项目的预期收益率

2017年年底，红枫制造公司的管理层对2018年的投资项目难以抉择，此时需要财务管理人员为公司统计出相关数据。已知有两个投资项目，两者的收益率和出现的概率对比情况如表5-5所示。

表5-5

项目收益情况	项目1		项目2	
	投资收益率	该情况出现的概率	投资收益率	该情况出现的概率
好	15%	0.4	25%	0.3
一般	11%	0.4	18%	0.3
差	8%	0.2	−7%	0.4

项目1的预期收益率=15%×0.4+11%×0.4+8%×0.2=12%

项目2的预期收益率=25%×0.3+18%×0.3+（−7%）×0.4=10.1%

虽然项目2的投资收益率最高可达到25%，远远超过项目1，但其存在亏损的情况，所以最终的预期收益率反而低于项目1。由此可知，该企业2018年选择项目1进行投资会更好。

NO. 086 股票内部收益率即内含报酬率

内部收益率是一项投资渴望得到的报酬率，是能使投资项目所得的现值与原始投资额现值相等时的报酬率，即净现值等于0的贴现率。很多时候，我们也把这样的内部收益率称为内含报酬率。在计算投资项目的内含报酬率时，要分以下两种情况。

（1）未来每年现金净流量相等

每年现金净流量相等实质上是一种年金形式，通过年金现值系数表可计算出未来现金净流量现值，并令净现值为0，进而求出内含报酬率。相关计算公式如下。

未来每年现金净流量×（P/A，i，n）-原始投资额现值=0

案例分析
未来每年现金净流量相等时的项目内含报酬率

某化工厂拟购入一台新设备，原价为240万元，使用年限为12年，到期后没有残值。该方案的最低投资报酬率要求为12%。已知工厂使用新设备后，预估每年产生的现金净流量均为45万元。利用投资项目的内含报酬率可判断该设备是否值得购买。

令：$450000×（P/A，i，12）-2400000=0$

得：$（P/A，i，12）=5.3333$

查阅《年金现值系数表》可知，n=12，年金现值系数为5.3333时对应的i值在15%～16%之间，采用插值法求i。

$（15\%-i）÷（15\%-16\%）=（5.4206-5.3333）÷（5.4026-5.1971）$

$i=15.42\%$

所以，该方案的内含报酬率为15.42%，高于要求的最低投资报酬率12%，方案可行，购买该新设备是值得的。

（2）未来每年现金净流量不相等

如果投资方案的未来每年现金净流量不相等，则不符合年金形式，就不能采用直接查阅《年金现值系数表》的方法来计算内含报酬率，只能采用逐次测试法，所以没有具体的计算公式。

案例分析

未来每年现金净流量不相等时的项目内含报酬率

　　红枫制造公司2017年年底正在评估一项投资方案是否可行，若可行，则2018年正式实施投资。已知该项目需要一次性投资18万元，期限为3年，投资后的每年现金净流量预计分别为5万元、7.5万元和11.3万元。那么，该项目的内含报酬率是多少呢？

　　①假设内含报酬率为10%，测算结果如表5-6所示。

表5-6

因素	第1年	第2年	第3年	现金净流量现值合计
复利现值系数	0.9091	0.8264	0.7513	—
净现值	45455	61980	84896.9	192331.9

　　由于在期数不变的情况下，复利现值系数会随着i的增加而减小，所以下一个需要测试的内含报酬率应大于10%。

　　②假设内含报酬率为12%，测算结果如表5-7所示。

表5-7

因素	第1年	第2年	第3年	现金净流量现值合计
现值系数	0.8929	0.7972	0.7118	—
净现值	44645	59790	80433.4	184868.4

　　③假设内含报酬率为14%，测算结果如表5-8所示。

表5-8

因素	第1年	第2年	第3年	现金净流量现值合计
现值系数	0.8772	0.7695	0.6750	—
净现值	43860	57712.5	76275	177847.5

　　利用插值法求实际内含报酬率，即（12%−i）÷（12%−14%）=（184868.4−180000）÷（184868.4−177847.5），i=13.39%。

NO. 087 总投资收益率

总投资收益率是指生产期间内正常年份的年息税前利润或运营期年均息税前利润占项目总投资的百分比，具体计算公式如下。

> 总投资收益率=年息税前利润或年均息税前利润÷项目总投资

总投资收益率主要说明了企业在投资活动中运用公司的每单位资产，对公司整体利润贡献的大小。

【例】某公司的一个项目总投资为2000万元，其中，债务资金500万元，项目运营期内年均净利润为200万元，年均息税前利润为20万元。

总投资收益率＝（200+20）÷2000=11%

由案例可知，在确定年息税前利润或年均息税前利润时，不仅要考虑专门的投资项目的利润，还要考虑债务收到的利润（即行使债权义务而获得的收益）。

NO. 088 核算剩余收益

剩余收益是指企业的投资中心获得的利润扣减其投资额（或净资产占用额）按规定的最低收益率计算的投资收益后的余额，是营业利润超过预期最低收益的部分。相关计算公式如下。

> 剩余收益=经营利润-（投资额或净资产占用额×最低投资收益率）

剩余收益指标弥补了单纯的投资收益率会使局部利益和整体利益相冲突的缺陷，同时还能反映企业的当期业绩情况。但是，剩余收益是一个绝对指标，单纯使用会导致企业投资管理者的短期行为，并且计算出的剩余收益结果无法在不同规模的企业投资管理中心之间做业绩比较。

案例分析
预测是否要接受新投资

假设某集团公司旗下有两个投资管理中心，当年均投资额相等时，每个投资中心的年均利润是不一样的，具体情况如表5-9所示。

表 5-9

投资中心	利润	投资额	投资报酬率
甲	300	2000	15%
乙	180	2000	9%
全集团公司	480	4000	12%

假设乙投资中心面临一个投资额为1000万元的投资机会，可获利润110万元。已知全集团公司的预期最低投资报酬率为12%，如果乙投资中心接受了该投资机会，则对应数据会发生变化，如表5-10所示。

表 5-10

投资中心	利润	投资额	投资报酬率
甲	300	2000	15%
乙	180+110=290	2000+1000=3000	9.67%
全集团公司	300+290=590	2000+3000=5000	11.8%

乙投资中心接受新投资前的剩余收益=180-2000×12%=-60（万元）

乙投资中心接受新投资后的剩余收益=290-3000×12%=-70（万元）

这么看来，乙投资中心接受新投资对企业盈利没有带来好处，反而会使剩余收益降低，所以，乙投资中心应放弃该投资机会。

随身查

财务人员必会的200个专业公式（案例版）

6

Search 投融资方案的风险与可行性分析公式 🔍

　　企业在生产经营过程中，投融资活动虽不占经济活动的主要部分，但也是经济活动中的重点工作。财会人员通过判断投融资方案的风险和可行性来做出是否投资或是否筹资（即融资）的决定，该过程中会涉及一些计算公式和典型的分析方法。

NO. 089 静态投资回收期

投资回收期是指从项目的投建之日起，用项目所得的净收益偿还原始投资所需要的年限，主要分为静态投资回收期和动态投资回收期。静态投资回收期是不考虑货币时间价值而直接从未来现金净流量累计到原始投资数额时所经历的时间。计算静态投资回收期时要分两种情况。

（1）未来每年现金净流量相等

> 静态回收期=原始投资额÷每年现金净流量

案例分析

未来每年现金净流量相等时的静态投资回收期

红枫制造公司2017年年底开始着手准备2018年的投资项目，摆在眼前的有两个项目，A项目一次性投资350万元，每年现金净流量为70万元；B项目一次性投资180万元，每年现金净流量为40万元。

A项目投资回收期=350÷70=5（年）

B项目投资回收期=180÷40=4.5（年）

A项目的静态投资回收期比B项目长，所以公司应选择B项目进行投资，保证资金灵活周转。

（2）未来每年现金净流量不相等

该情况下，财会人员应把未来每年的现金净流量进行逐年加总，然后根据累计的现金净流量确定投资回收期。

案例分析

未来每年现金净流量不相等时的静态投资回收期

以上述（1）中的案例为基础，假设公司正在进行B项目的投资，在实际过程中，每年的现金净流量都不相等。预计该项目从开始到结束需要5年时间，那么，投资回收情况如表6-1所示。

表 6-1   单位：元

第几年	现金净流量	累计净流量
1	250000	250000
2	350000	600000
3	600000	1200000
4	850000	2050000
5	750000	2800000

从表6-1可看出，B项目在第4年就可收回所有的原始投资额180万元，且开始盈利。也就是说，B项目的投资回收期在3～4年之间，则：

B项目投资回收期=3+（1800000−1200000）÷850000=3.7（年）

NO. 090 动态投资回收期

动态投资回收期与静态投资回收期是对立关系，它会考虑货币时间价值，是把投资项目各年的现金净流量按基准收益率计算现值，再推算投资回收期，即以未来现金净流量的累计现值等于原始投资额的现值所经历的时间来确认投资回收期。计算时也要分两种情况。

（1）未来每年现金净流量相等

原始投资额现值=每年现金净流量×（P/A，i，n）

案例分析

未来每年现金净流量相等时的动态投资回收期

以NO.089中的（1）案例为基础，两个项目的资本成本率均为7%，A项目和B项目的动态投资回收期分别是多少？

3500000=700000×（P/A，7%，n），（P/A，7%，n）=5

通过查阅《年金现值系数表》可知，当i不变时，年金现值系数会随着n的增大而增大，所以回收期在6～7年之间。利用插值法计算如下。

$(6-n) \div (6-7) = (4.7665-5) \div (4.7665-5.3893)$，n=6.4（年）

$1800000=400000 \times (P/A，7\%，n)$，$(P/A，7\%，n)=4.5$

查阅《年金现值系数表》可知，该项目的回收期在5～6年之间。

$(5-n) \div (5-6) = (4.1002-4.5) \div (4.1002-4.7665)$，n=5.6（年）

（2）未来每年现金净流量不相等

在该情况下，财会人员应把未来每年的现金净流量的现值进行逐年加总，然后根据累计的现金净流量现值确定动态投资回收期。

案例分析
未来每年现金净流量不相等时的动态投资回收期

以NO.089中的（2）案例为基础，假设B项目的资本成本率为7%，预计该项目从开始到结束需要5年，每年的现金净流量和对应的现值如表6-2所示。（净流量现值=净流量×复利现值系数）

表6-2   单位：元

第几年	现金净流量	净流量现值	累计净流量现值
1	250000	233650	233650
2	350000	305690	539340
3	600000	489780	1029120
4	850000	648465	1677585
5	750000	534750	2212335

从表6-2可看出，B项目在第5年就可收回所有的原始投资额180万元，且开始盈利。也就是说，B项目的投资回收期在4～5年之间，则：

B项目动态投资回收期=4+（1800000-1677585）÷750000=4.2（年）

由此可知，无论哪种情况，动态回收期都比静态回收期长。

NO. 091 经营杠杆系数反映资产报酬的波动性

经营杠杆是指由于固定经营成本的存在，使得企业的资产报酬（息税前利润）变动幅度大于业务量的变动幅度的现象。该杠杆系数反映资产报酬的波动性，用来评价企业的经营风险。在计算时，一般用息税前利润表示资产总报酬，相关公式如下。

息税前利润=销售额-变动经营成本-固定经营成本

　　　　=（销售单价-单位变动成本）×产销业务量-固定经营成本

　　　　=边际贡献-固定经营成本

根据公式之间的推导可得出经营杠杆系数（DOL）的计算公式。

经营杠杆系数（DOL）=基期边际贡献÷基期息税前利润

经营杠杆定义系数=息税前利润变动率÷产销量变动率

由此可知，变动经营成本和固定经营成本与经营杠杆系数成正比关系；销售单价和销售数量与经营杠杆系数成反比关系。

当固定经营成本=0时，息税前利润=边际贡献，经营杠杆系数=1。也就是说，只要固定经营成本≠0，则边际贡献一定大于息税前利润，而经营杠杆系数就一定大于1。

经营杠杆本身并不是资产报酬波动的原因，而是资产报酬波动的表现。但经营杠杆会放大市场和生产等因素变化对利润波动的影响，因此会反映出息税前利润受产销量变动的影响越大，经营风险就越大。所以在同一产销量水平上，经营杠杆系数越大，就说明利润变动幅度越大，风险就越大。

案例分析

计算经营杠杆系数

某面粉生产公司的年固定经营成本为300万元，面粉销售单价为7元/千克，而单位变动成本为1元/千克，年均产销量60万吨。已知息税前利润为120万元，那么：

边际贡献=（7-1）×600000=3600000（元）

经营杠杆系数=3600000÷1200000=3

由于这里已知的条件都是"年均"，所以没有"基期"，经营杠杆系数=边际贡献÷息税前利润。

在实际工作中，为了使计算出的结果更准确，我们需要通过两年的数据进行计算。计算公式如下。

> 经营杠杆系数=[（其他期息税前利润-基期息税前利润）÷基期息税前利润]÷[（其他期产销额-基期产销额）÷基期产销额]

【例】以上述案例为基础，固定经营成本为300万元，2016年的面粉产销额为420万元（7×600000），变动成本为60万元（1×600000），息税前利润为120万元；2017年面粉产销额为450万元，变动成本为72万元，息税前利润为150万元。以2016年作为基期。

经营杠杆系数=[（1500000-1200000）÷1200000]÷[（4500000-4200000）÷4200000]=3.5

NO. 092 财务杠杆系数评价财务风险的大小

财务杠杆又叫筹资杠杆或融资杠杆，指由于固定债务利息和优先股股利的存在，导致普通股每股收益的变动幅度大于息税前利润的变动幅度的现象。该杠杆系数能反映财务杠杆的大小和作用程度，评价企业财务风险的大小。计算公式如下。

> 财务杠杆系数（DFL）=普通股每股利润变动额÷变动前普通股每股利润÷（息税前利润变动额÷变动前息税前利润）

即，财务杠杆系数（DFL）=普通股收益变动率÷息税前利润变动率

【例】一家上市公司2016年年末的普通股每股利润为3元，息税前利润为180万元；2017年年末的普通股每股利润为3.4元，息税前利润为192万元，那么：

财务杠杆系数=（3.4-3）÷3÷[（1920000-1800000）÷1800000]=2

在实际工作中，很可能无法获取普通股每股利润的数据，而只是知道息税前利润和应支付的利息，此时就需要用下列公式来计算财务杠杆系数。

财务杠杆系数（DFL）=息税前利润总额÷（息税前利润总额-利息）

【例】假设上述上市公司2017年年末发行在外的普通股有500万股，公司债券为1000万元（年末付息，利息率为8%，不考虑货币时间价值），该年息税前利润为2500万元，若全年没有发生其他应付息的债务，则：

财务杠杆系数=25000000÷（25000000-10000000×8%）=1.03

在此基础上，若企业还发行了优先股（股利通常是固定的，且要以税后利润进行支付），此时财务杠杆系数的计算公式如下。

财务杠杆系数（DFL）=息税前利润总额÷[（息税前利润总额-利息-优先股股利）÷（1-所得税税率）]

【例】假设上述上市公司在发行500万股普通股、公司债券为1000万元、息税前利润总额为2500万元的基础上，当年优先股股利支付了80万元，没有其他应付息的债券。则：

财务杠杆系数=25000000÷[（25000000-10000000×8%-800000）÷（1-25%）]=0.80

NO. 093 总杠杆系数反映营业收入对每股收益的影响程度

总杠杆系数是指企业经营杠杆系数与财务杠杆系数的乘积，直接用于考察营业收入的变化对每股收益的影响程度，是衡量企业每股获利能力的指标。该杠杆系数反映了两种杠杆对经营活动的共同作用，只要企业同时存在固定经营成本和固定融资费用的债务或优先股，就存在营业收入小幅变动引起每股收益大幅变动的现象。计算公式如下。

> 总杠杆系数（DTL）=普通股每股收益变动率÷产销量变动率
>
> 或，总杠杆系数（DTL）=经营杠杆系数×财务杠杆系数
>
> =基期边际贡献÷基期息税前利润×[普通股收益变动率÷息税前利润变动率]
>
> =基期边际贡献÷基期利润总额
>
> =基期边际贡献÷（基期边际贡献-固定经营成本-利息）

凡影响经营杠杆系数和财务杠杆系数的因素都会影响总杠杆系数。

案例分析

核算总杠杆系数，判断是否改变经营计划

某上市公司当前年均销售额为5000万元，变动成本率为60%，全部固定成本和费用（利息）为1000万元，普通股股数为1000万股。已知该公司目前总资产为2500万元，资产负债率为40%，平均负债利息率为7%，所得税税率为25%。该公司拟改变经营计划，追加投资2000万元，预计每年固定成本增加250万元，同时可使年销售额增加20%，并使变动成本率下降到50%。

①未改变经营计划前的各项指标的计算。

净利润=（5000-5000×60%-1000）×（1-25%）=750（万元）

普通股每股收益=750÷1000=0.75（元/股）

负债总额=2500×40%=1000（万元），每年利息=1000×7%=70（万元）

每年固定成本=1000−70=930（万元）

息税前利润=5000−5000×60%−930=1070（万元）

经营杠杆系数=（5000−5000×60%）÷1070=1.87

财务杠杆系数=1070÷（1070−70）=1.07

总杠杆系数=1.87×1.07=2.00或总杠杆系数=（5000−5000×60%）÷（1070−70）=2

②改变经营计划、追加投资后，每股发行价为3元。

增资后净利润=[5000×（1+20%）×（1−50%）−（1000+250）]×（1−25%）=（3000−1250）×75%=1312.5（万元）

增加的普通股股数=2000÷3=666.67（万股）

普通股每股收益=1312.5÷（1000+666.67）=0.79（元/股）

息税前利润=5000×（1+20%）×（1−50%）−（930+250）=1820（万元）

经营杠杆系数=[5000×（1+20%）×（1−50%）]÷1820=1.65

财务杠杆系数=1820÷（1820−70）=1.04

总杠杆系数=1.65×1.04=1.72或总杠杆系数=[5000×（1+20%）×（1−50%）]÷（1820−70）=1.71

追加投资后的每股收益比追加投资前的每股收益高，且总杠杆系数降低了，所以改变经营计划对企业有利，可以执行改变计划。

NO.094 资产的风险收益率

风险收益率是指由投资者承担风险而额外要求的风险补偿率，其计算公式如下所示。

> 资产的风险收益率=β×（R_m-R_f）
>
> 式中，β表示资产的风险系数；R_m表示市场报酬率；R_f表示无风险报酬率。当β=1时，资产的风险收益率=R_m-R_f。
>
> 单项资产的β系数=该项资产的收率与市场组合收益率的协方差÷市场组合收益率的方差

β系数只衡量资产的系统风险，并不能衡量非系统风险。当β系数为0时，表明某项资产没有系统风险，但不能说明没有非系统风险。

【例】某公司对外进行了一项产品研发投资，其风险系数β为1.2，已知此时的一年期国债利率为4.5%，而市场平均报酬率为13%，那么公司的这项研发投资的风险收益率是多少呢？

产品研发的风险收益率=1.2×（13%−4.5%）=10.2%

企业的投资中心在对投资项目进行评估时，会核算投资项目的β系数，财会人员要获取β系数时，可直接引用投资管理人员提供的数据。

NO. 095 标准离差可判断项目的风险高低

标准离差表示数据的离散程度，在一定程度上体现了数据的可靠性和真实性。标准离差的公式离不开方差，而方差一般用来表示随机变量和期望值之间的离散程度。相关计算公式如下。

> $$\sigma^2=\sum_{i=1}^{n}(x_i-\mu)^2\times\varrho_i$$
>
> 式中，σ^2表示方差；x_i表示投资收益率；μ表示平均收益率；ϱ_i表示出现某投资收益率的概率。标准离差又叫均方差，是方差的平方根，即：
>
> $$\sigma=\sqrt{\sum_{i=1}^{n}(x_i-\mu)^2\times\varrho_i}$$

计算投资项目的收益率标准离差，比较风险的高低

以NO.85中的案例为基础，已知2017年年底，红枫制造公司的管理层对2018年的投资项目面临抉择，两个投资项目的收益率和对应的发生概率情况如表6-3所示。

表6-3

项目实施情况	项目1		项目2	
	投资收益率	该情况发生的概率	投资收益率	该情况发生的概率
好	15%	0.4	25%	0.3
一般	11%	0.4	18%	0.3
差	8%	0.2	−7%	0.4

假设企业的预期投资收益率要求达到11%，那么哪个项目更好？

项目1的方差＝$(15\%-11\%)^2\times0.4+(11\%-11\%)^2\times0.4+(8\%-11\%)^2\times0.2=0.00064+0+0.00018=0.00082$

项目1的标准离差＝$\sqrt{0.00082}=0.03$

项目2的方差＝$(25\%-11\%)^2\times0.3+(18\%-11\%)^2\times0.3+(-7\%-11\%)^2\times0.4=0.00588+0.00147+0.01296=0.02031$

项目2的标准离差＝$\sqrt{0.02031}=0.14$

由此可见，项目2的标准离差更大，说明其与投资收益率与预期投资收益率的偏离程度越大，风险也就越大。所以公司应选择项目1。

NO.096 现值指数与方案的可行性密切相关

现值指数也称获利指数，是指投资方案未来现金净流量现值与原始投资额现值的比值。该指数考虑了货币时间价值，使管理者对方案可行性的判断更准确，它的计算公式如下。

现值指数=未来现金净流量的现值÷原始投资额的现值

现值指数一般大于0，若指数大于或等于1，说明方案实施后的投资报酬率高于或等于预期报酬率，方案可行；若指数小于1，说明方案实施后的投资报酬率低于预期报酬率，方案不可行。因此，现值指数越大，方案越优。

案例分析
计算方案的现值指数，判断其可行性

某商贸有限公司需要选择一个项目做投资，当前有两个项目可供选择。如表6-4所示的是这两个项目的相关现值数据。

表 6-4   单位：元

现值数据	项目甲	项目乙
原始投资额的现值	150000	15000
未来现金净流量的现值	157500	21000
净现值	7500	6000

项目甲的现值指数=157500÷150000=1.05

项目乙的现值指数=21000÷15000=1.4

两个方案的现值指数都大于0，即两个方案都可行。虽然项目乙的未来现金净流量现值比项目甲小，但其最终的现值指数比项目甲大，所以，该公司应选择项目乙进行投资。

NO. 097 通过计算来选择证券投资组合

顾名思义，证券投资组合即多个证券项目形成的证券组合项目。当企业进行证券组合投资时，会将投资资金分配给若干不同的证券资产，如股票、债券或证券衍生产品等，形成合理的资产组合，以期实现资产收益最大化和风险最小化。

证券投资组合的风险可用证券投资组合期望收益率的方差、标准差、协方差和相关系数表示，具体计算公式如下。

$$\sigma^2 = P_1{}^2 \times \sigma_1{}^2 + P_2{}^2 \times \sigma_2{}^2 + 2 \times P_1 \times P_2 \times \varrho_{1,2} \times \sigma_1 \times \sigma_2$$

式中，σ 表示证券投资组合的期望收益率的标准差，σ^2 表示方差；同理，$\sigma_1{}^2$ 和 $\sigma_2{}^2$ 分别表示证券1和证券2的方差；P_1 和 P_2 分别表示证券1和证券2分别占证券组合资产的比重；$\varrho_{1,2}$ 表示两种证券资产收益率之间的相关程度，称为相关系数。理论上讲，相关系数介于-1～1之间，包括-1和1。

案例分析
求证券组合的期望收益率与标准差

Q公司2017年年底投资了两只股票，形成一个证券投资组合。两只股票的期望收益率、标准差和相关系数等信息如表6-5所示。

表 6-5

证券	期望收益率	标准差	相关系数	投资比重
1	12%	5%	0.15	35%
2	7%	2%		65%

组合的期望收益率=12%×35%+7%×65%=8.75%

组合的方差=$0.35^2 \times 0.05^2 + 0.65^2 \times 0.02^2 + 2 \times 0.35 \times 0.65 \times 0.15 \times 0.05 \times 0.02 = 0.1225 \times 0.0025 + 0.4225 \times 0.0004 + 0.00006825 = 0.0005435$

组合的标准差=$\sqrt{0.0005435} \approx 0.02$

由案例可知，企业选择不同的组合权数（即各证券所占组合的比重），可以得到不同的证券组合，从而得到不同的期望收益率和标准差。企业可以根据自身对收益率和标准差的偏好，选择合适的证券投资组合。

NO. 098 每股收益分析法确定收益最高的方案

每股收益分析法也称"息税前利润-每股利润分析法"，该方法将企业的盈利能力与负债对股东财富的影响相结合，分析资金结构与每股利润之间的关系，进而确定合理的资金结构，即选择每股收益最高的投资方案。相关计算公式如下所示。

$$[(EBIT-I_1) \times (1-T) -D_1] \div N_1 = [(EBIT-I_2) \times (1-T) -D_2] \div N_2$$

$$EBIT=(I_1 \times N_2 - I_2 \times N_1) \div (N_2 - N_1)$$

式中，EBIT表示每股收益无差别点处（即不同资本结构的每股收益相等）的息税前利润；I_1和I_2分别表示两种筹资方式下的年利息额；D_1和D_2分别表示两种筹资方式下的年优先股股利；N_1和N_2分别表示两种筹资方式下流通在外的普通股股数；T表示所得税税率。

案例分析

核算普通股的每股收益，判断筹资方案的可行性

某上市公司为了扩大经营业务，需要追加筹资400万元，目前的资本结构如表6-6所示。

表6-6
单位：元

项目	数据	项目	数据
资本总额	12000000	债务年利息	400000
债务资本	4000000	普通股每股面值	2
普通股股本	8000000	普通股当前市价	10

摆在该公司面前的有两种筹资方案：甲方案是全部发行普通股50万股；乙方案是向银行贷款取得所需资本400万元，贷款利率为12%。已知企业所得税税率为25%。相关计算过程如下。

由表可知，债务利息率=400000÷4000000×100%=10%

原来普通股股数=8000000÷2=4000000（股）

（EBIT−4000000×10%）×（1−25%）÷（4000000+500000）=（EBIT−4000000×10%−4000000×12%）×（1−25%）÷4000000

EBIT=4720000（元），即无差别点处的息税前利润为472万元。

此时，普通股的每股收益=（4720000−4000000×10%）×（1−25%）÷（4000000+500000）=0.72（元）

如果公司的息税前利润为480万元，则：

甲方案每股收益=（480−400×10%）×（1−25%）÷（400+50）=0.73（元）

乙方案每股收益=（480−400×10%−400×12%）×（1−25%）÷400=0.74（元）

此时选择乙方案更好。如果公司的息税前利润为400万元，则：

甲方案每股收益=（400−400×10%）×（1−25%）÷（400+50）=0.6（万元）

乙方案每股收益=（400−400×10%−400×12%）×（1−25%）÷400=0.59（元）

此时选择甲方案更好。

由上述案例可知，当企业的息税前利润大于每股收益无差别点处的息税前利润时，选择负债筹资较好；当息税前利润小于每股收益无差别点处的息税前利润时，选择股票筹资较好。

NO. 099 每股收益与每股股利

每股收益就是每股盈利，又称每股税后利润或每股盈余，指税后利润与股本总数的比率。相关计算公式如下。

> 基本每股收益=属于普通股股东的净利润÷当期发行在外的普通股
> 　　　　　　的加权平均数
>
> 发行在外的普通股的加权平均数=期初发行在外的普通股股数+当期
> 新发行的普通股股数×已发行时间÷报告期时间-当期回购的普通
> 股股数×已回购时间÷报告期时间

【例】某上市公司2017年度属于普通股股东的净利润为1100万元，2016年年末的股本为200万股。2017年6月底公司召开了股东大会，最终决议以截止2016年末的公司总股本为基础，向全体股东每10股送红股5股，工商注册登记变更完成后，公司总股本变为300万股。2017年11月30日发行新股本180万股。那么：

基本每股收益=1100÷[200+100+180×（1/12）]=3.49（元）

每股股利是企业股利总额与普通股股数的比值，计算公式如下。

> 每股股利=股利总额÷普通股股数
> 　　　　=普通股股利÷发行在外的普通股股数
> 　　　　=（现金股利总额-优先股股利）÷发行在外的普通股股数

【例】K公司2017年度发放现金股利总额为6000万元，其中包含优先股股利1800万元。已知年末时统计发行在外的普通股股数为5000万股，那么：

每股股利=（6000-1800）÷5000=0.84（元）

该案例中求出的0.84元是2017年年末这一时点的每股股利，如果要计算2017年度的每股股利，就需要利用加权平均法计算出2017年发行在外的平均普通股股数。

Search 成本和费用的管理与控制公式

　　企业生产经营活动中，一定会发生开支，这些开支中有的归类为成本，有的归类为费用，而成本与费用的核算是财会工作的重点内容。只有准确核算经营活动中发生的成本和费用，才能帮助公司有效控制成本，实现稳步发展。

NO. 100 成本–业务量–利润关系分析

成本-业务量-利润关系分析简称"本量利分析"，也称CVP分析，是指在变动成本计算模式的基础上，以数学化的会计模型与图文来揭示固定成本、变动成本、销售量、单价、销售额和利润等变动之间的内在规律性联系。基本公式如下所示。

> 税前利润=销售收入-总成本
> 　　　　=销售价格×销售量-（变动成本+固定成本）
> 　　　　=销售单价×销售量-单位变动成本×销售量-固定成本

在实际经营过程中，数据统计人员一般用到的与成本、利润等有关的计算公式都是由上述基本公式推导出来的，比如下列一些。

> 目标利润=销售单价×保利量-单位变动成本×保利量-固定成本
>
> 保利量=（固定成本+目标利润）÷（销售单价-单位变动成本）
> 　　　=（固定成本+目标利润）÷单位贡献毛益
>
> 保利额=销售单价×保利量
> 　　　=（固定成本+目标利润）÷贡献毛益率
> 　　　=（固定成本+目标利润）÷（1-变动成本率）
>
> 变动成本率=单位变动成本÷销售单价

案例分析
计算企业的保利量和保利额

某企业只生产并销售一种产品，已知该产品售价是120元，单位变动成本为45元，固定成本为45000元。如果该企业一周内要实现30000元的目标利润，那么：

保利量＝（45000+30000）÷（120-45）=1000（个）

贡献毛益率＝1-45÷120=0.625=62.5%

保利额＝（45000+30000）÷62.5%=120000（元）

由于税后利润（即净利润）才是影响企业生产经营现金流量的真正因素，所以，进行税后利润的规划和分析更符合企业生产经营的需求，相应地，应进行保净利点（即实现目标净利润的业务量）的核算。相关计算公式如下。

目标净利润＝目标利润×（1-所得税税率）

目标利润＝目标净利润÷（1-所得税税率）

保净利量=[固定成本+目标净利润÷（1-所得税税率）]÷（销售单价-单位变动成本）

保净利额=[固定成本+目标净利润÷（1-所得税税率）]÷贡献毛益率

【例】以上一个案例为基础，另外，假定该公司要实现一周内目标净利润为30000元，所得税税率为25%，那么：

保净利量=[45000+30000÷（1-25%）]÷（120-45）=1133.33（个）

保净利额=[45000+30000÷（1-25%）]÷62.5%=136000（元）

成本-业务量-利润关系分析不仅可以用来计算保利量、保利额、保净利量和保净利额，还能用来计算企业的盈亏平衡点（参考本书第5章NO.73中的计算公式）。

拓展学习 *产品保本计算公式*

产品保本指销售总收入和总成本相等，既无盈利也无亏损，保本点就是使销售总收入与总成本相等的销售量。企业通常利用"会计盈亏平衡点"的计算方法来确定保本点，具体计算方法参考本书第5章NO.073的知识点。

NO. 101 销量或销售额的安全边际

安全边际也可理解为安全幅度，是指盈亏临界点以上的销售量，也就是企业实际或预期销售量与保本销售量之间的差额，或者是实际或预期销售额与保本销售额之间的差额。一般来说，安全边际越大，企业发生亏损的可能性就越小，企业的经营就越安全。

安全边际有两种表现形式：一是绝对数，即安全边际量（额）；二是相对数，即安全边际率。计算公式如下。

> 安全边际量=实际或预期销售量-保本销售量
>
> 安全边际额=实际或预期销售额-保本销售额
>
> =实际边际量×产品单价
>
> 安全边际率=安全边际量÷实际或预期销售量×100%
>
> =安全边际额÷实际或预期销售额×100%

案例分析
计算公司的销售安全边际

P公司2017年11月销售某种产品9000件，单价为150元/件，单位变动成本为75元，固定成本有195000元。已知该企业正常经营条件下的销售量为7500件，那么该产品的安全边际和安全边际率分别是多少呢？

边际贡献率=单位边际贡献÷单价×100%=（单价-单位变动成本）÷单价×100%=（150-75）÷150×100%=50%

保本销售量=固定成本÷（单价-单位变动成本）=195000÷（150-75）=2600（件）

保本销售额=固定成本÷边际贡献率=195000÷50%=390000（元），或保本销售额=保本销售量×单价=2600×150=390000（元）。

安全边际量=预期销售量−保本销售量=7500−2600=4900（件）

安全边际额=预期销售额−保本销售额=7500×150−390000=735000（元），或安全边际额=安全边际量×单价=4900×150=735000（元）。

安全边际率=安全边际量÷预期销售量=4900÷7500=65.33%，或安全边际率=安全边际额÷预期销售额=735000÷（7500×150）=65.33%。

拓展学习 *什么是保本作业率*

保本作业率又称危险率，是保本销售量（额）占正常经营情况下的销售量（额）的百分比，计算公式如下所示。

保本作业率=保本销售量÷正常经营销售量（或预期销售量）×100%

=保本销售额÷正常经营销售额（或预期销售额）×100%

比如，将上述案例中的相关数据代入保本作业率的计算公式可知：

保本作业率=2600÷7500×100%=34.67%

或保本作业率=390000÷（7500×150）×100%=34.67%

所以，保本作业率+安全边际率=1，保本作业率越小，说明企业经营越安全。

保本销售额在扣除变动成本后只能为企业收回固定成本；而安全边际销售额在扣除变动成本后，不仅能为企业收回固定成本，还能有利润可得，即安全边际中的边际贡献就是企业的利润。所以，只有安全边际才能为企业提供利润，保本销售额不能。由此可推导出如下计算公式。

利润=边际贡献−固定成本

=销售收入×边际贡献−保本销售额×边际贡献率

=安全边际额×边际贡献率

由此可知，企业通过提高销售的利润水平，可以扩大现有销售水平，提高安全边际；也可以降低变动成本水平，提高边际贡献率。

NO. 102 单位产品的各项标准成本

每一单位产品的成本主要包括直接材料、直接人工和制造费用这3个部分，无论要确定哪个部分的标准成本，都需要分别确定其用量标准和价格标准，两者的乘积就是每个部分的标准成本，最终将各部分的标准成本进行汇总，就可得到单位产品的标准成本。计算公式如下。

> 单位产品的标准成本=直接材料的标准成本+直接人工的标准成本+
> 制造费用的标准成本
> =∑（用量标准×价格标准）

（1）直接材料的标准成本

> 直接材料的标准成本=∑（单位产品材料用量标准×材料价格标准）

案例分析
计算产品耗用的直接材料的标准成本

M公司生产某种产品需要甲、乙两种直接材料，其用量标准和价格标准如表7-1所示。

表 7-1

项目	具体标准	
	甲材料	乙材料
价格标准	55元/千克	40元/千克
用量标准	7千克/台	11千克/台

甲材料的标准成本=55×7=385（元/台）

乙材料的标准成本=40×11=440（元/台）

该产品直接材料的标准成本=385+440=825（元/台）

（2）直接人工的标准成本

直接人工的标准成本是由直接人工用量标准和直接人工的价格标准决定的，人工用量标准即工时用量标准，指在现有生产技术条件下，生产单位产品所耗用的必要工作时间；人工价格标准即工资率标准，由标准工资总额与标准总工时的比值确定。相关计算公式如下所示。

> 工资率标准=标准工资总额÷标准总工时
>
> 直接人工的标准成本=工时用量标准×工资率标准

案例分析
计算产品耗用的直接人工的标准成本

M公司生产某种产品需要甲、乙两种直接材料，耗用的直接人工工时用量标准和工资率标准如表7-2所示。

表 7-2

项目	具体标准
月标准总工时	10250 小时
月标准工资总额	87125 元
单位产品工时用量标准	1.5 小时 / 台

工资率标准=87125÷10250=8.5（元/小时）

该产品直接人工的标准成本=8.5×1.5=12.75（元/台）

（3）制造费用的标准成本

制造费用是企业为了生产产品和提供劳务而发生的各项间接成本，制造费用的标准成本由制造费用的用量标准和价格标准共同决定。其中，制造费用的价格标准即分配率标准，相关计算公式如下。

> 分配率标准=标准制造费用总额÷标准总工时
>
> 制造费用的标准成本=工时用量标准×分配率标准

案例分析
计算产品耗用的制造费用的标准成本

M公司生产某种产品需要甲、乙两种直接材料，耗用的直接人工标准成本为12.75元/台，已知该产品对应的制造费用情况如表7-3所示。

表 7-3

项目		具体标准
工时	月标准总工时	10250 小时
	单位产品工时用量标准	1.5 小时 / 台
变动制造费用	标准变动制造费用总额	46125 元
固定制造费用	标准固定制造费用总额	143500 元

变动制造费用的分配率标准=46125÷10250=4.5（元/小时）

变动制造费用的标准成本=1.5×4.5=6.75（元/台）

固定制造费用的分配率标准=143500÷10250=14（元/小时）

固定制造费用的标准成本=1.5×14=21（元/台）

该产品制造费用的标准成本=变动制造费用的标准成本+固定制造费用的标准成本=6.75+21=27.75（元/台）

综上，该产品的标准成本=825+12.75+27.75=865.5（元/台）

NO. 103 直接材料成本差异

直接材料成本差异是指为了完成实际产量所消耗的直接材料的实际成本与标准成本之间的差额，计算公式如下所示。

> 直接材料成本差异=实际产量下的材料实际成本-实际产量下的材料标准成本
> =实际用量×实际价格-实际产量下的标准用量×标准价格

直接材料成本差异按其形成原因，可分为价格差异和数量差异。

案例分析

判断是否有效控制了直接材料的成本

以NO.102中的（1）案例为基础，已知产品耗用的甲材料的价格标准为55元/千克，用量标准为7千克/台。假如企业当月实际生产该产品3500台，领用甲材料22500千克，实际价格为50元/千克，则直接材料的成本差异计算过程如下。

直接材料成本差异=22500×50-7×3500×55=-222500（元）

说明实际发生的直接材料成本小于直接材料的标准成本，即节约了222500元的直接材料成本。其中：

材料用量差异=22500-3500×7=-2000（千克）

说明实际耗用的直接材料比标准用量少，即节约了2000千克的直接材料。

材料价格差异=50-55=-5（元/千克）

说明领用的材料实际价格比标准价格低，即很好地控制了材料的单价。这对产品成本，甚至生产成本的控制都有显著作用。

需要财会人员注意，在计算过程中，不能直接用材料用量差异和材料价格差异相加来得出直接材料成本差异。

NO.104 直接人工成本差异

直接人工成本差异是指为了完成实际产量所发生的实际直接人工成本与标准直接人工成本之间的差额，计算公式如下。

直接人工成本差异=实际人工总成本-实际产量下的人工标准成本
　　　　　　　　=实际工时×实际工资率-实际产量下的标准工时×标准工资率

直接人工成本差异可分为人工工资率差异和直接人工效率差异。所以，直接人工成本差异的计算还可使用如下公式。

> 直接人工成本差异＝直接人工效率差异＋直接人工工资率差异
>
> 直接人工效率差异＝（实际工时-实际产量下的标准工时）×标准工资率
>
> 直接人工工资率差异＝实际工时×（实际工资率-标准工资率）

案例分析

通过直接人工成本差异来判断工资率是否超支

以NO.102中的（2）案例为基础，已知产品的工资率标准为8.5元/小时，工时用量标准为1.5小时/台，单位产品的直接人工标准成本为12.75元/台。假如该企业当月实际生产产品3500台，工时用量为6000小时，实际应付的直接人工工资为70000元。该产品的直接人工成本差异是多少？

直接人工成本差异＝70000-3500×1.5×8.5＝25375（元）

说明直接人工成本的实际成本比标准成本高25375元，即超支。

直接人工效率差异＝（6000-1.5×3500）×8.5＝6375（元）

说明直接人工的实际效率比标准效率低6375元，即超支。

直接人工工资率差异＝6000×（70000÷6000-8.5）＝19000（元）

说明直接人工的实际工资率比标准工资率高19000元，即超支。

直接人工成本差异＝19000+6375＝25375（元）

NO. 105 变动制造费用成本差异

变动制造成本差异是指为了完成实际产量而发生的实际变动制造费用与标准变动制造费用的之间的差额，计算公式如下所示。

> 变动制造费用成本差异=实际总变动制造费用-实际产量下的变动制造
> 　　　　　　　　费用的标准成本
> 　　　　　　　=实际工时×变动制造费用的实际分配率-实际
> 　　　　　　　　产量下的标准工时×变动制造费用的标准分配率

　　变动制造费用成本差异可分为耗费差异和效率差异，因此，变动制造费用成本差异的计算还可使用如下公式。

> 变动制造费用成本差异=变动制造费用效率差异+变动制造费用耗费差异
>
> 变动制造费用效率差异=（实际工时-实际产量下的标准工时）×变动
> 　　　　　　　　制造费用的标准分配率
>
> 变动制造费用耗费差异=实际工时×（变动制造费用的实际分配率-变
> 　　　　　　　　动制造费用的标准分配率）
>
> 　　上述公式中，效率差异即用量差异；耗费差异即价格差异。

案例分析

通过计算变动制造费用成本差异了解制造费用用量和价格差异

　　以NO.102中的（3）案例为基础，产品的变动制造费用的分配率标准为4.5元/小时，单位产品的标准工时为1.5时/台。假设企业当月实际生产产品3500台，工时用量为6000小时，实际发生的变动制造费用为20000元。该产品的变动制造费用成本差异是多少？

　　变动制造费用成本差异=20000-3500×1.5×4.5=-3625（元）

　　说明实际发生的变动制造费用比标准变动制造费用少3625元，即节约了变动制造费用。

　　变动制造费用效率差异=（6000-3500×1.5）×4.5=3375（元）

　　说明变动制造费用的实际效率比标准效率低3375元，即超支。

变动制造费用耗费差异=6000×（20000÷6000−4.5）=−7000（元）

说明变动制造费用的实际耗费比标准耗费少7000元，即节约。

变动制造费用成本差异=3375+（−7000）=−3625（元）

NO. 106 固定制造费用成本差异

固定制造费用成本差异是指为了完成实际产量而发生的实际固定制造费用与标准固定制造费用之间的差额，计算公式如下。

> 固定制造费用成本差异=实际总固定制造费用-实际产量下的固定制造费用的标准成本
> =实际工时×固定制造费用的实际分配率-实际产量下的标准工时×固定制造费用的标准分配率
>
> 标准分配率=固定制造费用预算总额÷预算产量下的标准总工时

由于固定制造费用本身较稳定，因此实际产量和预算产量的差异会对单位产品承担的固定制造费用产生影响，所以，分析固定制造费用成本差异有其特殊性，主要分两因素分析法和三因素分析法。

（1）两因素分析法

该方法是将固定制造费用总差异分为耗费差异和能量差异这两个部分，其中，耗费差异是指固定制造费用的实际金额与预算金额之间的差异；能量差异是指固定制造费用的预算金额与标准成本之间的差异。计算公式如下。

> 耗费差异=实际总固定制造费用-预算产量下标准固定制造费用
> =实际总固定制造费用-标准工时×预算产量×标准分配率
> =实际总固定制造费用-预算产量下的标准工时×标准分配率

能量差异=预算产量下标准固定制造费用-实际产量下标准固定制造费用
　　　　=（预算产量下的标准工时-实际产量下的标准工时）×标准
　　　　　分配率

案例分析

用两因素分析法计算产品的固定制造费用成本差异

以NO.102中的（3）案例为基础，产品的固定制造费用的分配率标准为14元/小时，单位产品的标准工时为1.5时/台。假设企业当月实际生产产品3500台，预算生产量为4550台，工时用量为6000小时，实际发生的固定制造费用为95000元。该产品的固定制造费用成本差异是多少？

固定制造费用成本差异=95000－3500×1.5×14=21500（元）

说明实际发生的固定制造费用比标准固定制造费用多21500元，即固定制造费用超支了。

耗费差异=95000－1.5×4550×14=－550（元）

说明实际发生的固定制造费用比预算产量下标准固定制造费用少550元，即没有超过预算。

能量差异=1.5×4550×14－1.5×3500×14=22050（元）

说明预算产量下的标准固定制造费用比实际产量下的标准固定制造费用多22050元，即实际产量下的标准固定制造费用没有超过预算。

固定制造费用成本差异=－550+22050=21500（元）

（2）三因素分析法

该方法将两因素分析法下的能量差异进一步分解为产量差异和效率差异，相关计算公式如下所示。

耗费差异=实际总固定制造费用-预算产量下标准固定制造费用

耗费差异=实际总固定制造费用-标准工时×预算产量×标准分配率

　　　　=实际总固定制造费用-预算产量下的标准工时×标准分配率

产量差异=（预算产量下的标准工时-实际产量下的实际工时）×标准
　　　　分配率

效率差异=（实际产量下的实际工时-实际产量下的标准工时）×标准
　　　　分配率

案例分析
用三因素分析法计算产品的固定制造费用成本差异

　　以NO.102中的（3）案例为基础，产品的固定制造费用的分配率标准为14元/小时，单位产品的标准工时为1.5时/台。假设企业当月实际生产产品3500台，预算生产量为4550台，工时用量为6000小时，实际发生的固定制造费用为95000元。该产品的固定制造费用成本差异是多少？

　　固定制造费用成本差异=95000-3500×1.5×14=21500（元）

　　耗费差异=95000-1.5×4550×14=-550（元）

　　产量差异=（4550×1.5-6000）×14=11550（元）

　　说明预算产量会比实际产量多耗费固定制造费用，即未超过预算。

　　效率差异=（6000-3500×1.5）×14=10500（元）

　　说明实际产量下耗费的实际固定制造费用比标准固定制造费用高，即超支了。

　　固定制造费用成本差异=-550+11550+10500=21500（元）

NO. 107　业务预算中的生产量预计

　　业务预算、资本预算和财务预算是企业全面预算的3个组成部分，而业务预算又包括销售预算和生产预算。生产预算是根据销售预算编制的，计划为满足预算期的销售量和期末存货所需的资源，其预算内容包括销售量、期初和期末产成品存货以及生产量。计算公式如下。

> 预计期末产成品存货=下一季度销售量×预计百分比
>
> 预计期初产成品存货=上一季度期末产成品存货
>
> 预计生产量=预计销售量+预计期末产成品存货-预计期初产成品存货

案例分析
预计企业的当期生产量

红枫制造公司2017年年底对2018年4个季度的销售量、各期期初产成品存货和各期期末产成品存货进行了预算。数据取自企业销售部编制的销售预算，如表7-4所示。

表 7-4   单位：个

项目	第一季度	第二季度	第三季度	第四季度	全年
预计销售量	150000	225000	300000	270000	945000
加：预计期末产成品存货	22500	30000	27000	30000	30000
减：预计期初产成品存货	15000	22500	30000	27000	15000
预计生产量	157500	232500	297000	273000	960000

上表中，第四季度的预计期末产成品存货为30000个，即2018年年底的产成品存货为30000个，所以"全年"列中的预计期末产成品存货就为30000个；第一季度的预计期初产成品存货为15000个，即2018年年初的产成品存货为15000个，所以"全年"列中的预计期初产成品存货就为15000个。另外，第一季度的预计期末产成品存货为第二季度的预计期初产成品存货，第二季度的预计期末产成品存货为第三季度的预计期初产成品存货。

第一季度预计生产量=150000+22500-15000=157500（个）

第二季度预计生产量=225000+30000－22500=232500（个）

第三季度预计生产量=300000+27000－30000=297000（个）

第四季度预计生产量=270000+30000－27000=273000（个）

全年预计生产量=157500+232500+297000+273000=960000（个）

NO. 108 直接材料预计采购金额

直接材料预算是一项采购预算，预计采购量取决于生产材料的耗用量和原材料存货的需要量。具体计算公式如下。

> 直接材料预计采购金额=预计材料采购量×预计材料单价
>
> 直接材料预计采购量=预计生产量×单位产品材料用量+预期期末直接材料存货-预期期初直接材料存货

为了便于计算，在直接材料预算中，预计材料单价是指材料的平均价格。

案例分析

预计企业的当期直接材料采购金额

以NO.107中的案例为基础，全年预计生产量为960000个。假设每个产品的直接材料用量为0.25千克，预计年初直接材料存货有5吨，年末直接材料存货有6吨。另外，企业预计2018年采购的直接材料平均单价为5元/千克。该企业2018年的预计采购量和预计采购金额分别是多少？

直接材料预计采购量=960000×0.25+6×1000－5×1000=241000（千克）

直接材料预计采购金额=241000×5=1205000（元）

所以，该企业2018年直接材料预计采购金额为120.5万元。

NO.109 预计直接人工总成本

直接人工总成本的预算要根据预计生产量、直接人工小时和工时工资率数据的计算来完成。具体计算公式如下所示。

> 预计直接人工总成本=预计生产量×单位产品直接人工小时×单位工时工资率

案例分析
预计企业的当期直接人工总成本

以NO.107中的案例为基础，全年预计生产量为960000个。假设每个产品需要耗费直接人工5小时，单位工时工资率为16元/小时。该企业2018年的预计直接人工总成本是多少？

预计直接人工总成本=960000×5×16=76800000（元）

由此可看出，企业要想降低直接人工总成本，可以提高生产效率，进而降低每个产品的直接人工小时数。一般来说，企业最好不要通过降低单位工时工资率来降低直接人工成本，这样会使员工在心理上觉得自己的劳动力被压榨了。

NO.110 预计制造费用

企业在对制造费用进行预算时，也要区分固定制造费用和变动制造费用。计算公式如下。

> 预计制造费用=预计变动制造费用+预计固定制造费用
> =预计生产量×预计变动制造费用分配率+预计固定制造费用

从当期制造费用看降低制造费的关键

以NO.107中的案例为基础，全年预计生产量为960000个。假设预计变动制造费用的分配率为2元/小时，预计固定制造费用为100万元。该企业2018年的预计制造费用是多少？

预计变动制造费用=960000×2=1920000（元）

预计制造费用=1920000+1000000=2920000（元）

由此可知，全年预计生产量可能不会影响预计固定制造费用的高低，但会影响变动制造费用的金额。如何规划变动制造费用的分配率就是企业降低制造费用的关键。

NO. 111 取得订单的成本

取得订单的成本一般称为订货成本，如办公费、差旅费、邮资、电报电话和运输费等支出。订货成本中，有些成本与订货次数无关，如采购的基本开支，即固定订货成本；有些成本与订货次数有关，如差旅费、邮资和运输费等，即变动订货成本。相关计算公式如下所示。

> 订货成本=固定订货成本+存货年需要量÷每次进货量×每次订货的
> 变动成本

【例】P公司每年的固定订货成本为3600万元，已知货物的年需要量为120吨，平均每次进货量为5吨，平均每次订货的变动成本为7000元。求该公司的订货成本。

订货成本=3600+120÷5×7000=3600+168000=171600（元）

实际经营过程中，每次进货量可能不同，所以我们在预计订货成本时要通过平均进货量和平均变动订货成本来计算。

NO. 112 保持存货与存货供应中断产生的成本

保持存货即储存存货，企业因保持存货而发生的成本称为储存成本，一般包括存货占用资金所应计的利息、仓库费用、保险费用、存货破损和变质损失等。

在核算储存成本时，要分固定成本和变动成本。固定成本与存货数量的多少没有关系，如仓库折旧和仓库职工的固定工资等；变动成本与存货的数量有关，如存货资金的应计利息、存货的破损和变质损失以及存货的保险费用等。相应的计算公式如下。

储存成本=固定储存成本+变动储存成本
        =固定储存成本+单位变动储存成本×（每次订货量÷2）

案例分析
计算企业保持存货的储存成本

以NO.111中的案例为基础，假设P公司的存货对应的固定储存成本为4000元，每次订货量为5吨，单位变动储存成本为1000元。那么该公司的储存成本有多少呢？

储存成本=4000+1000×（5÷2）=6500（元）

也就是说，P公司平均每一次订货会发生的储存成本为6500元。

企业除了在保持存货的过程中会发生相应的储存成本外，在存货不足导致供应业务中断的情况下也会产生相应的成本，即缺货成本。

缺货成本是指由于存货中断造成的损失，包括材料供应中断造成的停工损失、产成品库存缺货造成的拖欠发货损失和丧失销售机会与商誉受损等损失。它的计算公式如下所示。

储存存货的总成本=固定储存成本+存货年需要量÷每次订货量×单次变动订货成本+存货年需要量×存货单价+变动储存成本+缺货成本

缺货成本=停工损失+拖欠发货损失+丧失销售机会损失+商誉受损损失等

案例分析

计算企业存货供应中断的缺货成本

某企业2017年年底出现货物短缺现象，假设80%的缺货会导致延期交货，延期交货成本为3000元；10%的缺货会导致失去销售机会，失去销售机会的成本为7500元；还有10%的缺货会导致失去客户，成本有120000元。计算总的缺货成本。

①延期交货损失=3000×80%=2400（元）

②失去销售机会的成本=7500×10%=750（元）

③失去客户的成本=120000×10%=12000（元）

缺货总成本=2400+750+12000=15150（元）

在实际经营过程中，有时可能无法核算准确的延期交货成本、失去销售机会的成本或失去客户的成本等，而只知道存货的固定储存成本、存货年需要量、每次订货量、单位变动储存成本和存货单价等，此时我们必然需要使用上述公式中的第一个公式来计算缺货成本。

NO. 113 经济订货量的确定

通过平衡采购进货成本和保管仓储成本，以实现总库存成本最低的订货量即为经济订货量，通常用来确定企业一次订货的数量。当企业按照经济订货量进行订货时，可实现订货成本和储存成本之和最小化。

经济订货行为要建立在一系列严格的假设上，这些假设包括：存货总需求量是固定不变的；订货提前期是固定的；货物是一次性入库；单位货物成本是固定的，且没有批量折扣；库存储存成本与库存水平呈线性关系；货物是一种独立需求的物品，不受其他货物需求的影响。相关计算公式如下所示。

> 储备存货的总成本=固定订货成本+存货年需要量÷每次订货量×单次变动订货成本+存货年需要量×存货单价+固定储存成本+单位变动储存成本×（每次订货量÷2）
>
> 经济订货量=$\sqrt{2×单次变动订货成本×存货年需要量÷单位变动储存成本}$

案例分析

利用经济订货量，实现成本最小化

假设N公司每年所需的原材料为840吨，单次变动订货费用为8元/吨，单位变动储存成本为5元/吨。订货的提前期是固定不变的，则该公司的经济订货量是多少呢？

经济订货量=$\sqrt{2×8×840÷5}$=51.85（吨）

也就是说，该公司每次的经济订货量为51.85吨，每年订货次数为16次（840÷51.85）。另外：

每吨材料的单次储存总成本=$\sqrt{2×8×840×5}$=259.23（元）

NO. 114 计算订货的提前期

通常，企业生产用的原材料不能做到随时用随时补充，为了衔接好原材料的到货时间和存货的用完时间，需要提前订货。计算公式如下。

> ①存货还能使用的天数＞订单发布到供应商交货的时间
>
> 订货提前期=订单发布到供应商交货的时间

②存货还能使用的天数<订单发布到供应商交货的时间

订货提前期=订单发布到供应商交货的时间-存货还能使用的天数

=订单发布到供应商交货的时间-当前存货数量÷每日平均需用量

案例分析

预测企业提前几天订货是合理的

已知某企业当前原材料的存货数量还有3吨，每日平均需用量为0.2吨，如果企业向供应商发出订单，到供应商将原材料实地交付给企业，需要5天时间。那么订货提前期是多少天？

存货还能使用的天数-订单发布到供应商交货的时间=3÷0.2-5=10（天）

说明企业在当前储存量状态下向供应商发出订单，可以在存货还没有用完的情况下就收到新的原材料。所以：

订货提前期=订单发布到供应商交货的时间=5（天）

该企业在10天后（即提前5天）向供应商发出采购订单，这样可与原材料库存进行无缝对接，既不会造成库存中断，也不会造成库存积压。若企业向供应商发出订单到实际收到原材料需要20天的时间，即存货还能使用的天数少于订单发布到供应商交货的时间，则：

订货提前期=20-3÷0.2=5（天）

拓展学习 *什么是再订货点*

再订货点就是在提前订货的情况下，为了确保存货用完时订货刚好到达，企业再次发出订货单时应保持的存货库存量。它的计算公式如下。

再订货点=供应商平均交货时间×每日平均需用量

以上述案例为基础，计算结果为：再订货点=0.2×5=1（吨）

也就是说，当企业库存还有1吨的时候进行订货，也就是提前5天（1÷0.2）向供应商发出订货请求。

NO. 115 保证存货陆续供应与使用

实际经营过程中，很多时候企业订购的原材料不会一次性全部入库，而是陆续入库，库存量陆续增加也陆续消耗。要保证存货陆续供应和使用，需要企业相关人员做好有关数据的计算，公式有如下一些。

一批货物的全部送货期=$Q \div q$

全部送货期内的总耗用量=一批货物的全部送货期$\times p = Q \div q \times p$

送货期内平均库存量=$(Q - Q \div q \times p) \div 2$

该批货物的总成本=$D \div Q \times K + (Q - Q \div q \times p) \div 2 \times K_c$

当单次变动订货成本与单位变动储存成本相等时，货物的总成本有最小值，则存货陆续供应和使用的经济订货量为：

$D \div Q \times K = Q - Q \div q \times p) \div 2 \times K_c$

陆续供应与使用的经济订货量=$\sqrt{2 \times K \times D \div K_c \times [q \div (q\text{-}p)]}$

将经济订货量的求解公式代入总成本的计算公式，得出陆续供应和使用的经济订货量相关的总成本公式：

陆续供应与使用的货物总成本=$\sqrt{2 \times K \times D \times K_c \times [1\text{-}p \div q)]}$

上述式子中，Q表示该批订货数量；q表示每日送货数量；p表示每日耗用量；D表示存货年需用量；K表示单次变动订货成本；K_c表示单位变动储存成本。

案例分析

计算企业保证存货陆续供应与使用时的经济订货量

以NO.113中的案例为基础，假设N公司每年所需的原材料为840吨，每日送货量为7吨，每日耗用量为2.33吨，单价为1500元/吨，单位变动订货费用为8元/吨，单位变动储存成本为5元/吨。那么该公司在保证陆续供应和使用时的经济订货量是多少呢？

$$陆续供应与使用的经济订货量=\sqrt{2\times8\times840\div5\times[7\div(7-2.33)]}$$
$$=63.48（吨）$$

$$陆续供应与使用的货物总成本=\sqrt{2\times8\times840\times5\times[1-(2.33\div7)]}$$
$$=211.74（元）$$

与NO.113中案例的计算结果进行对比可以看出，在保证陆续供应和使用的情况下，虽然单次的经济订货量增加了，但货物的总成本减少了。也就是说，当我们保证企业的原材料或货物陆续供应和使用时，虽然可能会增加订货成本，但同时也会降低储存成本，最终体现出的结果就是单次货物总成本的减少。

由案例可知，企业通过保证货物陆续供应和使用，可以有效降低货物的总成本，以及确定最合适的经济订货量，为企业的采购预算做好充分的、准确的准备工作。

NO. 116 存货的最佳保险储备量

实际经营过程中，企业仅仅是确定订货量还不能完全地保证不发生缺货或供货中断的情况，因为耗用需求可能随时增大。为了防止由此造成的损失，企业要多储备一些存货，称为保险储备。这样的存货在正常情况下不动用，只有当存货不足或送货延迟时才动用。计算公式如下。

> 保险储备量=再订货点-预计交货期内的需求
>
> 或，保险储备量=（预计每日最大耗用量×预计最长的订货提前期-
> 平均每日正常耗用量×订货提前期）

判断企业制定的保险储备量是否合理

以NO.113中的案例为基础，假设N公司每年所需的原材料为840吨，该原材料的单价为1500元/吨，单位变动储存成本为5元/吨，单次变动订货成本为8元/吨，单位缺货成本为200元/吨，公司目前建立的保险储备量为8吨。交货期内的需要量和对应的概率如表7-5所示。

表 7-5

需要量（吨）	概率	需要量（吨）	概率
42	0.05	45	0.15
43	0.15	46	0.03
44	0.6	47	0.02

①一般情况下的经济订货量 $=\sqrt{2\times8\times840\div5}=51.85$（吨）

年订货次数 $=840\div51.85=16$（次）

②交货期内平均需求量 $=42\times0.05+43\times0.15+44\times0.6+45\times0.15+46\times0.03+47\times0.02=2.1+6.45+26.4+6.75+1.38+0.94=44.02$（吨）

包括保险储备量的再订货点 $=44.02+8=52.02$（吨）

也就是说，当存货还有52.02吨时要开始进行新一次的订货。

③如果保险储备量为0吨，则再订货点为44.02吨。

平均缺货量 $=(45-44.02)\times0.15+(46-44.02)\times0.03+(47-44.02)\times0.02=0.147+0.0594+0.0596=0.27$（吨）

缺货损失+保险储备持有成本 $=0.27\times200\times16+0\times5\times16=864$（元）

④如果保险储备量为2吨，包含保险储备量的再订货点为46.02吨。

平均缺货量 $=(47-46.02)\times0.02=0.02$（吨）

缺货损失+保险储备持有成本 $=0.02\times200\times16+2\times5\times16=224$（元）

如果平均缺货量为0，即包含保险储备量的再订货点等于或高于47吨，则对应的保险储备量等于或高于2.98吨（47-44.02）。假设保险储备量为2.98吨，则：

缺货损失+保险储备持有成本=0×200×16+2.98×5×16=238.4（元）

当保险储备量高于2.98吨时，缺货损失皆为0元，但保险储备持有成本会越来越高。所以，以2.98吨为最高保险储备量界限，考虑0~2吨、2~2.98吨之间的情况。结果如表7-6所示。

表7-6

项目＼保险储备	0.1	0.5	1	1.5	1.9	2.1	2.5
再订货点	44.12	44.52	45.02	45.52	45.92	46.12	46.52
平均缺货量（吨）	0.246	0.166	0.069	0.044	0.024	0.0176	0.01
损失＋成本（元）	795.2	571.2	300.8	260.8	228.8	224.32	232

由此可知，当保险储备量为2吨时，缺货损失与保险储备持有成本之和224元是介于保险储备为1.9~2.1吨之间的，即保险储备大于2吨以后，缺货损失与保险储备持有成本之和又会逐渐增大。

所以，当保险储备为2吨时，缺货损失和保险储备持有成本之和最小，企业目前设置的保险储备量8吨太高了。

NO.117 先进先出法下发出存货成本的计算

在先进先出法下，企业将先购入的存货先发出（耗用或销售），以此来计算发出存货的成本。计算公式如下。

$$发出存货的成本=\sum_i (P_i \times Q_i)$$

式中，P_i表示i这批货物的购入单价；Q_i表示发出存货中i这批货物的数量；$\sum_i$表示多批次的发出存货成本之和。

案例分析

依据原材料购进和领用情况计算发出存货的成本

假设红枫制造公司在领用购进的原材料时，采取先进先出法。某段时间原材料甲的购进和领用情况如表7-7所示。

表7-7

日期		摘要	收入			支出			结存		
月	日		数量（吨）	单价（元/吨）	金额（元）	数量（吨）	单价（元/吨）	金额（元）	数量（吨）	单价（元/吨）	金额（元）
7	1	购	5	5000	25000				5	5000	25000
7	4	购	8	4700	37600				8	4700	37600
7	8	领				3	5000	15000	2 8	5000 4700	10000 37600
7	15	领				3	5000 4700	1000 4700	0 7	5000 4700	0 32900
7	16	购	5	4950	24750				7 5	4700 4950	32900 24750
7	20	领				8	4700 4950	32900 4950	0 4	4700 4950	0 19800

7月8日发出材料的成本=3×5000=15000（元）

7月15日发出材料的成本=2×5000+1×4700=14700（元）

7月20日发出材料的成本=7×4700+1×4950=37850（元）

后进先出法的发出存货成本的计算公式可参考先进先出法的计算公式，不同的是，先发出的存货是后购入的存货。比如，上述案例中7月8日领用3吨的原材料，其单价为4700元，而不是5000元，发出材料的成本=3×4700=14100（元），而不是15000元。后续计算以此类推。

NO. 118 一次加权平均法计算发出存货的成本

一次加权平均法指以当月全部进货数量加上月初存货数量作为权

数，除以当月全部进货成本加月初存货成本之和，计算出存货的加权平均单位成本（即加权平均单价），再以此为基础计算当月发出存货的成本和期末存货结余成本。相关计算公式如下所示。

> 存货平均单价=（期初存货的实际成本+当期进货的实际成本）÷（期初存货数量+当期进货数量）
>
> 当月发出存货的成本=当月发出存货的数量×存货平均单价

案例分析

没有初期存货的情况下计算发出存货的成本

以NO.117中的案例为基础，假设公司7月初没有期初存货，原材料甲的购进和领用情况如表7-8所示。

表7-8

日期		摘要	收入			支出			结存		
月	日		数量（吨）	单价（元/吨）	金额（元）	数量（吨）	单价（元/吨）	金额（元）	数量（吨）	单价（元/吨）	金额（元）
7	1	购	5	5000	25000				5	5000	25000
7	4	购	8	4700	37600				8	4700	37600
7	8	领				3					
7	15	领				3					
7	16	购	5	4950	24750						
7	20	领				8					
本月期末						14	4852.78	略			

当月存货平均单价=（0+25000+37600+24750）÷（0+5+8+5）=87350÷18=4852.78（元）

当月发出存货的成本=4852.78×14=67938.92（元）

计算出的发货成本67938.92元应填入上表中写有"略"字的单元格中，这里由于单元格大小受限，就不再填入数据进行展示。

NO.119 移动加权平均法计算发出存货的成本

移动加权平均法是指以每次进货的成本加上原有库存存货的成本，除以每次进货数量与原有库存存货数量之和，据此计算加权平均单位成本，以此作为在下一次进货前计算各次发出存货成本的依据。计算公式如下所示。

> 存货移动平均单价=（原有库存存货的实际成本+当次进货的实际成本）÷（原有库存存货的数量+当次进货数量）
>
> 当次发出存货的成本=当次发货的数量×存货移动平均单价

案例分析
用移动加权平均法计算的平均单价更准确

以NO.117中的案例为基础，假设公司7月初没有期初存货，则原材料甲的购进和领用情况如表7-9所示。

表7-9

日期		摘要	收入			支出			结存		
月	日		数量（吨）	单价（元/吨）	金额（元）	数量（吨）	单价（元/吨）	金额（元）	数量（吨）	单价（元/吨）	金额（元）
7	1	购	5	5000	25000				5	5000	25000
7	4	购	8	4700	37600				13	4815.38	62600
7	8	领				3	4815.38	14446	10	4815.38	48154
7	15	领				3	4815.38	14446	7	4815.38	33708
7	16	购	5	4950	24750				12	4871.50	58458
7	20	领				8	4871.50	38972	4	4871.50	19486

7月8日发出材料的移动平均单价=（25000+37600）÷（5+8）=4815.38（元）

7月8日发出材料的成本=3×4815.38=14446（元）

7月8日～15日之间没有购进新的原材料，所以7月15日领用的材料的平均单价依然为4815.38元，由于领用3吨，所以7月15日发出材料的成本也为14446元。

由于7月16日购进了新一批原材料，且单价与以往不同，所以：

7月20日发出材料的移动平均单价＝（33708+24750）÷（7+5）=4871.5（元）

7月20日发出材料的成本=8×4871.5=38972（元）

由此可见，移动加权平均法下计算出的平均单价更准确，但也因此增加了计算的工作量。

NO.120 个别计价法下发出存货成本的计算

个别计价法也被称为个别认定法、具体辨认法或分批实际法，采用该方法时，需要逐一辨认各批发出存货和期末存货所属的购进批别或生产批别，分别将其购入或生产时所确定的单位成本作为计算各批发出存货和期末存货成本的依据。这种方法确定的存货成本是最准确的。计算公式如下。

$$发出存货的成本 = \sum_{i=1}^{n} (P_i \times Q_i)$$

式中，P_i表示第i批货物的购入单价；Q_i表示发出存货中第i批货物的数量；$\sum_{i}^{n}$表示多批次的发出存货成本之和。

由此可知，个别计价法的发出存货计算公式与先进先出法类似。

案例分析
用个别计价法计算发出存货的成本

以NO.117中的案例为基础，假设7月1日购进了两种单价的原材料甲，且购入的数量不同，而7月4日没有购入原材料；7月8日领用的原材料甲有6吨，包含有两种单价，而7月15日没有领用原材料。原材料甲的购进和领用情况如表7-10所示。

表 7-10

日期		摘要	收入			支出			结存		
月	日		数量（吨）	单价（元/吨）	金额（元）	数量（吨）	单价（元/吨）	金额（元）	数量（吨）	单价（元/吨）	金额（元）
7	1	购	5	5000	25000				5	5000	25000
		购	8	4700	37600				8	4700	37600
7	8	领				3	5000	15000	2	5000	10000
		领				3	4700	14100	5	4700	23500
7	16	购	5	4950	24750				2	5000	10000
									5	4700	23500
									5	4950	24750
7	20	领				2	5000	10000	0	5000	0
		领				5	4700	23500	0	4700	0
		领				1	4950	4950	4	4950	19800

7月8日发出材料的成本=3×5000+3×4700=29100（元）

7月20日发出材料的成本=2×5000+5×4700+1×4950=38450（元）

NO. 121 工时比例法分配制造费用

工时比例法是生产工人工时比例分配法的简称，是按照各种产品所用生产工人实际工时的比例来分配制造费用的方法。该方法适用于机械化程度不高的车间，计算公式如下。

制造费用分配率=制造费用总额÷车间产品生产工时总额

某种产品应分配的制造费用=该种产品生产工时×制造费用分配率

案例分析

计算产品应承担的制造费用

某生产车间生产甲、乙两种产品，2017年11月共发生车间管理人员工资35000元，水电费5000元。已知该公司的制造费用采用生产工人工时比例法在甲、乙产品之间进行分配，其中，甲产品的生产工时为600小时，乙产品的生产工时为400小时。那么，当月甲、乙产品应分配的制造费用分别是多少呢？

制造费用分配率=（35000+5000）÷（600+400）=40

甲产品应分配的制造费用=600×40=24000（元）

乙产品应分配的制造费用=400×40=16000（元）

NO.122 工资比例法分配制造费用

工资比例法是生产工人工资比例分配法的简称，是按照计入各种产品成本的生产工人工资比例来分配制造费用的一种方法。该方法适用于各种产品生产机械化的程度大致相同的车间，计算公式如下。

制造费用分配率=当期制造费用总额÷当期发生的直接工资总额

某种产品应分配的制造费用=该种产品耗用的直接工资×制造费用分配率

如果该方法用在了各种产品生产机械化程度不同的车间，则机械化程度低的产品所用工资费用多，负担的制造费用就多，而机械化程度高的产品负担的制造费用较少，从而会影响费用分配的合理性。

案例分析

计算印染棉布应承担的制造费用

2017年9月，某公司的印染车间印染甲、乙、丙3种棉布。已知当月发生的制造费用共60000元，采用工资比例法对制造费用进行分配的标准如表7-11所示。

表7-11

制造费用分配表

印染车间　　　　　　　　　　　2017年9月　　　　　　　　　　单位：元

项目	甲	乙	丙	合计
产量（匹）	615000	570000	285000	1470000
直接工资金额	675000	570000	255000	1500000
本月制造费用总额	－	－	－	60000
制造费用分配率	－	－	－	0.04
制造费用分配额	27000	22800	10200	60000

制造费用分配率=60000÷1500000=0.04

棉布甲应分配的制造费用=675000×0.04=27000（元）

棉布乙应分配的制造费用=570000×0.04=22800（元）

棉布丙应分配的制造费用=255000×0.04=10200（元）

利用工资比例法分配制造费用时，我们一般不考虑"产量"这一因素，而直接利用各产品发生的直接工资金额来计算应分配的制造费用。

NO.123 辅助生产费用直接分配

辅助生产费用直接分配是指直接分配法，即各辅助生产车间发生的费用直接分配给除辅助生产车间以外的各受益产品或单位，而不考虑各辅助生产车间之间相互提供产品或劳务的情况。计算公式如下。

辅助生产的单位成本=辅助生产费用总额÷辅助生产的产品或劳务总量

各车间、产品或各部门应分配的费用=辅助生产的单位成本×该车间、产品或部门的耗用量

案例分析
对供汽和机修车间的辅助费用进行直接分配

某公司设有供汽和机修两个辅助生产车间，供汽车间归集的费用共12900元，机修车间已归集的费用共3600元。假设供汽和机修这两个辅助生产车间发生的费用和提供的劳务数量如表7-12所示。采用直接分配法对这些辅助费用进行分配。

表7-12

车间与部门	供汽车间	机修车间	基本生产	行政管理	合计
供汽（吨）	45	75	1780	200	2100
机修（工时）	140	110	910	40	1200

①供汽车间的辅助生产单位成本=12900÷（75+1780+200）=6.28（元/吨）

机修车间应分配的供汽费用=75×（12900÷2055）=470.81（元）

基本生产车间应分配的供汽费用=1780×（12900÷2055）=11173.72（元）

行政管理部门应分配的供汽费用=200×（12900÷2055）=1255.47（元）

②机修车间的辅助生产单位成本=3600÷（140+910+40）=3.30（元/小时）

供汽车间应分配的机修费用=140×（3600÷1090）=462.39（元）

基本生产车间应分配的机修费用=910×（3600÷1090）=3005.50（元）

行政管理部门应分配的机修费用=40×（3600÷1090）=132.11（元）

采用直接分配法时，由于各辅助生产费用只进行对外分配，且只分配一次，所以计算很简单。但是，当辅助生产车间相互提供产品或劳务的差异较大时，这种方法下的分配结果很可能与实际情况不符。

因此，该方法只适用于在辅助生产内部相互提供产品或劳务不多、不进行费用的交互分配、对辅助生产成本和产品生产成本影响不大等情况下使用。另外，该方法也适用于辅助生产车间之间不进行成本核算的小型企业和辅助生产车间核算有困难的企业。

NO. 124 辅助生产费用交互分配

辅助生产成本交互分配是指交互分配法，即对各辅助生产车间的成本费用进行两次分配。首先根据各辅助生产车间相互提供的产品或劳务的数量和交互分配前的单位成本（费用分配率），在各辅助生产车间之间进行一次交互分配；然后将各辅助生产交互分配后的实际费用按对外提供产品或劳务数量和交互分配后的单位成本，在辅助生产车间以外的各受益单位进行分配。具体计算公式如下所示。

> 交互分配前的单位成本＝辅助生产费用总额÷辅助生产的产品或劳务总量
>
> 交互分配后的实际费用＝交互分配前的成本费用＋交互分配转入的成本费用－交互分配后转出的成本费用
>
> 交互分配转入的成本费用＝交互分配前的其他单位成本×对应产品或劳务量
>
> 交互分配转出的成本费用＝交互分配前的自身单位成本×对应产品或劳务量
>
> 交互分配后的单位成本＝交互分配后的实际费用÷交互分配后的产品或劳务总量
>
> 各受益车间、产品或各部门应分配的费用＝交互分配后的单位成本×该受益车间、产品或部门的耗用量

案例分析

对供汽和机修车间的辅助费用进行交互分配

以NO.123中的案例为基础，采用交互分配法对辅助生产费用进行分配，具体计算过程如下。

①供汽车间交互分配前的辅助生产单位成本＝12900÷2100＝6.14（元/吨）

机修车间交互分配前的辅助生产单位成本=3600÷1200=3（元/小时）

交互分配转入供汽车间的费用=140×3=420（元）

交互分配转出供汽车间的费用=75×（12900÷2100）=460.71（元）

交互分配后的供汽车间的实际费用=12900+420-460.71=12859.29（元）

交互分配转入机修车间的费用=75×（12900÷2100）=460.71（元）

交互分配转出机修车间的费用=140×3=420（元）

交互分配后的机修车间的实际费用=3600+460.71-420=3640.71（元）

②交互分配后的辅助生产单位成本（供汽）=12859.29÷（2100-75）=6.35（元/吨）

交互分配后的辅助生产单位成本（机修）=3640.71÷（1200-140）=3.43（元/小时）

基本生产车间应分配的费用=6.37×1800+3.44×930=14665.2（元）

行政管理部门应分配的费用=6.37×225+3.44×120=1846.05（元）

上述计算结果可以展现为如表7-13所示的表格。

表7-13

项目		供汽车间			机修车间		
		耗用（吨）	单位成本（元/吨）	分配金额（元）	耗用（工时）	单位成本（元/吨）	分配金额（元）
待分配		2100	6.14	12900	1200	3	3600
交互分配	供汽部门			420	-140	3	-420
	机修	-75	6.14	-460.71			460.71
对外分配辅助生产费用		2025	6.35	12859.29	1060	3.43	3640.71
对外分配	基本生产	1780		11303	910		3121.3
	行政管理	200		1270	40		137.2
	合计	1980		12573	950		3258.5

需要说明的是，在计算过程中会因为四舍五入的原因导致计算结果有出入或者差异。

NO. 125 通过核算约当产量来确定在产品成本

约当产量指在产品按期间完工程度折合成完工的产量，而通过核算约当产量来确定在产品成本就是一种将期末在产品成本和当期发生的生产费用总和，按完工产品数量和期末在产品约当产量的比例进行分配，以计算当期完工产品成本和期末在产品成本的方法。计算公式如下。

> 在产品约当产量=在产品数量×完工程度
>
> 单位成本=（月初在产品成本+本月发生的生产成本）÷（完工产品数量+在产品约当产量）
>
> 完工产品成本=完工产品数量×单位成本
>
> 在产品成本=在产品约当产量×单位成本

案例分析

核算约当产量来确定在产品成本

2017年12月，M公司生产丙产品的完工产品有1400台，在产品有200台，完工程度按平均60%计算。原材料在一开始就一次性投入，其他费用按约当产量比例分配。已知丙产品本月月初的在产品和本月耗用直接材料共168000元，直接人工费用82500元，燃料费用106875元，制造费用42750元。相关计算如下。

①直接材料费用的分配

完工产品应负担的直接材料费用=168000÷（1400+200）×1400=147000（元）

在产品应负担的直接材料费用=168000÷（1400+200）×200=21000（元）

②直接人工费用、燃料费用和制造费用等都按在产品约当产量和完工产品数量进行比例分配。

在产品约当产量=200×60%=120（台）

③直接人工费用的分配

完工产品应负担的直接人工费用=82500÷（1400+120）×1400=75986.84（元）

在产品应负担的直接人工费用=82500÷（1400+120）×120=6513.16（元）

④燃料费用的分配

完工产品应负担的燃料费=106875÷（1400+120）×1400=98437.5（元）

在产品应负担的燃料费=106875÷（1400+120）×120=8437.5（元）

⑤制造费用的分配

完工产品应负担的制造费用=42750÷（1400+120）×1400=39375（元）

在产品应负担的制造费用=42750÷（1400+120）×120=3375（元）

⑥汇总完工产品的成本和在产品的成本

丙产品本月完工产品的成本=147000+75986.84+98437.5+39375
=360799.34（元）

丙产品本月在产品的成本=21000+6513.16+8437.5+3375=39325.66（元）

NO. 126 定额成本法确定在产品成本

定额成本法是一种事先经过调查研究、技术测定或按定额资料，对各个加工阶段上的在产品直接确定一个定额单位成本，月终根据在产品数量，分别乘以各项定额单位成本，计算出月末在产品的定额成本，进而计算出产成品的总成本的方法。相关计算公式如下。

月末在产品成本=月末在产品数量×在产品定额单位成本

月末产成品成本=月初在产品成本+本月发生生产成本-月末在产品成本

产成品单位成本=产成品总成本÷产成品数量

案例分析

计算产品的定额成本和差异

某工厂生产A产品，原材料在一开始就一次性投入，共计456400元。月初的在产品有200件，相关数据如表7-14所示。

表7-14

单位：元

成本项目	产量	消耗定额	计划单价	定额成本	定额差异	定额变动差异
直接材料	200件	120千克	4.5	108000	16000	3000
直接人工	200件	140小时/件	0.5	98000	−2400	−
制造费用	200件	100小时/件	0.25	35000	−1600	−
合计	−	−	−	241000	12000	3000

本月原材料定额由120千克降为110千克，工时由140小时/件降为125小时/件。已知本月原材料领用单上的计划成本为481000元，材料成本差异为−1.5%，直接人工61000元，制造费用34000元，本月投产1000件，月末完工产品有900件。本月直接人工和制造费用的定额差异变动均为1000元，直接材料无定额差异变动。用定额成本法计算A产品的成本。

①直接材料的定额成本=1000×4.5×110=495000（元）

直接材料的定额差异=456400−495000=−38600（元）

②月末在产品=1000−900=100（件）

直接人工的定额成本=（1000−100÷2）×0.5×125=59375（元）

直接人工的定额差异=61000−59375=1625（元）

③制造费用的定额成本＝（1000－100÷2）×0.25×100＝23750（元）

制造费用的定额差异＝34000－23750＝10250（元）

④总的定额差异＝－38600＋1625＋10250＝－26725（元）

⑤本月合计数量＝200＋1000＝1200（件）

本月合计直接材料的定额成本＝108000＋495000＝603000（元）

本月合计直接材料的定额差异＝16000＋（－38600）＝－22600（元）

本月合计直接人工的定额成本＝98000＋59375－1000＝156375（元）

本月合计直接人工的定额差异＝－2400＋1625＝－775（元）

本月合计制造费用的定额成本＝35000＋23750－1000＝57750（元）

本月合计制造费用的定额差异＝－1600＋10250＝8650（元）

⑥本月完工产品的直接材料定额成本＝900×110×4.5＝445500（元）

本月完工产品的直接人工定额成本＝900×125×0.5＝56250（元）

本月完工产品的制造费用定额成本＝900×100×0.25＝22500（元）

⑦本月在产品的直接材料定额成本＝（1000＋200－900）×110×4.5＝148500（元）

本月在产品的直接人工定额成本＝（1000＋200－900）÷2×125×0.5＝9375（元）

本月在产品的制造费用定额成本＝（1000＋200－900）÷2×100×0.25＝3750（元）

注意： 本例中涉及在产品直接人工定额成本和制造费用定额成本的计算，都以模糊计算的方式折半核算。

随身查
财务人员必会的200个专业公式（案例版）

Search | 各种税费计算公式 | 🔍

　　税是国家向企业、集体或个人征收的货币或实物，又称为税赋或税收等。税收具有强制性和无偿性，我国设置了不同的税种、税目和税率，企业要根据实际情况进行计算。其中，烟叶税和船舶吨税将从2018年7月1日起实施。

....

NO. 127 企业不能忽略的印花税

印花税是对经济活动和经济交往中书立、领受具有法律效力的凭证的行为所征收的一种税。印花税的纳税人包括在中国境内设立、领受规定的经济凭证的企业、行政单位、事业单位、军事单位、社会团体、其他单位、个体工商户和其他个人。计算公式有如下一些。

1.购销合同（包括供应、预购、采购、购销和调剂等合同）

印花税税费=购销金额×0.3‰

2.加工承揽合同（包括加工、定作、修缮、修理、印刷、广告、测绘和测试等合同）

印花税税费=加工或承揽收入×0.5‰

3.建设工程勘察设计合同（包括勘察、设计合同）

印花税税费=收取费用×0.5‰

4.建筑安装工程承包合同（包括建筑、安装工程承包合同）

印花税税费=承包金额×0.3‰

5.财产租赁合同（包括租赁房屋、船舶、飞机、机动车辆、机械、器具、设备等合同）

印花税税费=租赁金额×1‰

此种凭证在计缴印花税时，税额不足1元的，按1元贴花。

6.货物运输合同（包括民用航空运输、铁路运输、海上运输、联运合同）

印花税税费=运输费用×0.5‰

7.仓储保管合同（包括仓储、保管合同）

印花税税费=仓储保管费用×1‰

8.借款合同（银行及其他金融组织和借款人）

印花税税费=借款金额×0.05‰

9.财产保险合同（包括财产、责任、保证和信用等保险合同）

印花税税费=保险费收入×1‰

10.技术合同（包括技术开发、转让、咨询和服务等合同）

印花税税费=合同所载金额×0.3‰

11.产权转移书据（包括财产所有权、版权、商标专用权、专利权、专有技术使用权等转移书据以及土地使用权出让合同和商品房销售合同等）

印花税税费=书据所载金额×0.5‰

12.营业账簿（包括生产、经营用账册）

记载金额的账簿印花税税费=（实收资本+资本公积）×0.5‰

其他账簿的账簿印花税税费=账簿件数×5

13.权利、许可证照（包括政府部门发给的房屋产权证、工商营业执照、商标注册证、专利证和土地使用证等）

印花税税费=证照件数×5

案例分析

计算企业应缴纳的印花税税额

红枫制造公司年初时设立了4本账，银行存款日记账、现金日记账、总账和明细分类账。已知该公司2017年12月发生了如下一些需要缴纳印花税的业务。

①采用以物易物方式进行商品交易，签订了合同两份，一份标明价值，自身商品价值25万元，对方商品价值27.5万元；另一份未标明价值，只列明用自身5吨的商品换对方4.5吨的商品，经核实，自身商品市场单价为10000元/吨，对方商品单价为12000元/吨。

②当月承揽了两项加工业务，签订了两份承揽加工合同，其中一份合同分别记载由受托方提供原材料，价值为45万元，另收取加工费15万

元；另一份合同规定由委托方自己提供原材料，价值为30万元，企业收取加工费30万元。

③该企业与外单位签订货物运输合同一份，总金额为50万元，其中包含货物的装卸费和保险费共计5万元。

④当月签订借款合同两份，其中一份的借款金额为100万元，后因故没有借；另一份借款合同的金额为50万元，合同约定半年后偿还本金和利息。

在①业务中，以物易物是一种视同销售的行为，双方在实务中都应做购销处理，以各自发出的货物核算销售额并计算增值税销项税额，还要以各自收到的货物按规定核算购货额并计算增值税进项税额。所以，这两份以物易物的合同应缴纳的税款如下。

（250000+275000）×0.3‰+（5×10000+4.5×12000）×0.3‰=157.5+31.2=188.7（元）

在②业务中，对于由受托方提供原材料，且在合同中分别记载加工金额和原材料金额的，应按"加工承揽合同"和"购销合同"分别计税，两项税额相加数即为合同应缴的印花税；如果合同中未分别记载，则应就全部金额依照加工承揽合同计缴印花税。对于由委托方自己提供原材料而受托方只负责加工或提供辅助材料并加工的，无论加工费和辅助材料金额是否分别记载，均以辅助材料与加工费合计数为计税基础，依照加工承揽合同计缴印花税，委托方提供的主要原材料不计缴印花税。所以，这两份加工承揽合同应缴纳的印花税如下。

450000×0.3‰+150000×0.5‰+300000×0.5‰=135+75+150=360（元）

在③业务中，货物运输合同的印花税计税依据为取得的运输费金额，不包括所运货物的金额、装卸费和保险费等。所以，该货物运输合同应缴印花税如下。

（500000-50000）×0.5‰=225（元）

在④业务中，无论借款合同是否兑现，只要签订了，就要缴纳印花税，所以这两份借款合同应缴纳的印花税如下。

（1000000+500000）×0.05‰=75（元）

公司年初应缴纳印花税税额=4×5=20（元）

公司12月应缴纳印花税税额=188.7+360+225+75=848.7（元）

拓展学习 合同的兑现与印花税缴纳之间的关系

印花税是凭证税，具有行为税的性质。应税合同签订时就发生了纳税义务，必须依法贴花缴税，履行完税手续。所以，无论合同是否兑现或能否按期兑现，都与印花税的缴纳没有关系，也就是说，只要签订了合同，就要缴纳印花税。

NO.128 增值税进项、销项税额

增值税是以商品或应税劳务在流转过程中产生的增值额作为计税依据而征收的流转税，但在实际计算工作中，不会直接计算增值额，而是先计算增值税进项税额，然后计算增值税销项税额，最终以增值税销项税额扣除进项税额的差额为实际应缴纳的增值税税额。

增值税进项税额是指纳税人购进货物、加工修理修配劳务与服务、无形资产或不动产而支付或负担的增值税额，计算公式如下。

增值税进项税额=外购原材料、燃料或动力的金额×税率

上述公式是税费不包括在购买原材料、燃料或动力的全部价款中的情况；如果税费包含在全部价款中，则：

增值税进项税额=外购原材料、燃料或动力的金额÷（1+税率）×税率

增值税销项税额是指纳税人销售货物和应税劳务时按照销售额和适

用税率计算并向购买方收取的增值税额，计算公式如下。

增值税销项税额=销售额×税率

上述公式是税费不包括在销售货物或应税劳务的全部收入中的情况；如果税费包含在全部销售收入中，则：

增值税销项税额=销售货物或应税劳务÷（1+税率）×税率

财会人员在计算企业应缴纳的增值税时，需要注意区分业务情况，选择合适的税率进行计算。我国现行的增值税税率有16%、10%、6%和0%这4种。

案例分析

增值税一般纳税人应缴纳的增值税进项税额和销项税额

N公司为增值税一般纳税人，生产并销售汽车零件。已知2018年6月购买了一批生产用原材料，支付货款15万元（不含税），取得了增值税专用发票。而当月实现销售收入46.8万元（含税），开具了增值税专用发票。那么该公司当月缴纳的增值税进项税额和销项税额分别是多少？

进项税额=150000×16%=24000（元）

销项税额=468000÷（1+16%）×16%=64551.72（元）

在计算应交增值税时，有的进项税额是不能抵扣的，比如，假设上述案例中的进项税额不能抵扣，则此时应交增值税税额=销项税额。另外，有些增值税进项税额在前期抵扣了，但后期发生计税变化，抵扣了的进项税额不能抵扣，则需要将已经抵扣了的进项税额进行转出处理。

案例分析

用于非应税项目的购进货物或应税劳务的进项税额要转出

某企业为增值税一般纳税人，2018年5月对自己的厂房进行改建，改建时领用了本厂购进的原材料11500元（不含税）。此时领用的原材料对应的进项税额不得抵扣，而要计算进项税额转出金额，也就是说，该部分进项税额最终属于应交增值税中的一部分。

增值税进项税额转出=11500×16%=1840（元）

一般来说，企业在购进货物时就已经向供应商支付了相应的增值税进项税额，实际缴纳时不会再缴纳这部分进项税额，只是在核算时会做进项税额处理，这样才能使账证相符。

NO. 129 应交增值税的计算

应交增值税一般是指企业每月固定时间申报缴纳的增值税税额的多少，一般计算公式如下。

> 应交增值税=应交增值税销项税额-应交增值税进项税额

【例】以NO.128中的第一个案例为基础，计算公司的应交增值税税额。

应交增值税税额=64551.72-24000=40551.72（元）

需要财会人员特别注意的是，如果企业当月的进项税额大于销项税额，致使企业的应交增值税税费出现负数时，在填写《增值税纳税申报表》时，"应交增值税"栏应填写为"0"，而不是直接填写计算出的负数值。

如果企业发生了一些增值税额转出的情况，或者出口抵减内销产品的增值税等，其应交增值税的计算可参考如下所示的公式。

> 应交增值税=销项税额-进项税额+进项税额转出-出口抵减内销产品
> 应纳税额-减免税款-出口退税额

小规模纳税人购进货物和接受劳务时，支付的增值税直接计入有关货物和劳务的成本，不单独核算进项税额，所以，也就没有进项税额转出的说法。

NO. 130 小规模纳税人应交增值税额

小规模纳税的应交增值税额的计算与一般纳税人的有所不同，前述内容都建立在增值税一般纳税人的基础上。增值税对小规模纳税人采用简易征收办法，对小规模纳税人适用的税率称为征收率。由于小规模纳税人难以按增值税税率计税，也难以使用增值税专用发票抵扣进项税额，所以统一使用如下所示的公式来计算应交增值税税额。

> 应交增值税税额＝销售额×征收率
>
> 应交增值税税额＝含税销售额÷（1＋征收率）×征收率
>
> 目前我国增值税小规模纳税人的适用征收率为3%，个别特殊业务的征收率为5%。

案例分析
快餐店的应交增值税税额

某快餐店为增值税小规模纳税人，其增值税按季度申报缴纳。2017年10～12月提供餐饮服务取得的收入有20万元（不含税），自行开具了增值税普通发票。那么，该快餐店该季度应缴纳的增值税有多少呢？

根据相关政策的规定可知，该快餐店不能享受小微企业免征增值税的政策优惠，所以：

应交增值税＝200000×3%＝6000（元）

如果已知的是取得含税收入206000元，则：

应交增值税＝206000÷（1＋3%）×3%＝6000（元）

在计算小规模纳税人的应交增值税时，也要注意减免税和退税问题，最终应交增值税是不包含减免税部分或退税部分的。但有些减免税和退税在缴纳税费之后发生，此时减免税和退税将作为下一会计期间的税收收入计入账中。

拓展学习 *小规模纳税人的增值税优惠政策*

2017年11月6日，财政部和税务总局联合发布了两则文件，继续对月销售额3万元以下的增值税小规模纳税人免征增值税，并通过免去金融机构利息增值税和小微企业借款合同印花税来加大对小微企业的融资支持。

这两则名为《关于延续小微企业增值税政策的通知》（简称"财税76号文"）和《关于支持小微企业融资有关税收政策的通知》（简称"财税77号文"）的文件是落实9月27日国务院常务会议的部署而加快的财税工作。

根据财税76号文，自2018年1月1日～2020年12月31日，继续对月销售额2万元（含）～3万元的增值税小规模纳税人，免征增值税。

根据财税77号文，自2017年12月1日～2019年12月31日，对金融机构向农户、小型企业、微型企业和个体工商户发放小额贷款取得的利息收入，免征增值税。自2018年1月1日～2012年12月31日，对金融机构与小型企业或微型企业签订的借款合同免征印花税。

小额贷款是指单户授信小于100万元（含）的农户、小型企业、微型企业或个体工商户贷款；没有授信额度的，是指单户贷款合同金额或贷款余额在100万元（含）以下的贷款。

NO. 131 出口货物退税处理

出口退税是指对出口货物退还其在国内生产和流通环节实际缴纳的增值税和消费税。实际经营过程中，出口退税必须要建立在已经缴纳了增值税或消费税的基础上，没有缴纳增值税或消费税的，不能退税，充分体现了"未征不退"的原则。

对于不同的企业，在核算出口退税时会有差别，比如纯粹的外贸企业和一般的生产性企业。具体计算公式如下。

1.外贸企业

①对出口货物单独设立库存账和销售账记录的，应根据购进出口货物的增值税专用发票所列明的金额和库存、销售的加权平均价以及适用的不同退税率等，确定应退税额。

退税依据=出口货物数量×加权平均进价

应退税额=增值税专用发票所列金额×退税率或征收率

第2个公式中，从一般纳税人处购进的出口货物用"退税率"；从小规模纳税人处购进的出口货物用"征收率"。

②对出口企业委托生产企业加工收回后报关出口的，退税依据为购买加工货物所需的原材料和支付加工货物的工缴费等专用发票所列明的金额。

原辅料应退税额=购进原辅材料增值税专用发票所列金额×原辅材料的退税率

加工费应退税额=加工费发票所列金额×出口货物的退税率

合计应退税额=原辅材料应退税额+加工费应退税额

③凡属于从价定率计征的货物，应依照外贸企业从工厂购进时含消费税的价格为退税依据；凡属于从量定额计征的货物，应依照购进和报关出口的数量为退税依据。

应退消费税税款=出口货物的工厂销售额（或出口储量）×退税率（或单位税额）

2.一般性生产企业

①生产企业出口货物"免、抵、退税额"应根据出口货物的离岸价和出口货物退税率计算。如果以其他价格条件成交的，应扣除按会计制度规定允许冲减出口销售收入的运费、保险费和佣金，余额为退税依据。

当期免抵退税额=出口货物离岸价×外汇人民币牌价×出口货物退税率-免抵退税额抵减额

免抵退税额抵减额=免税购进原材料的价格×出口货物退税率

第2个公式中的免税购进原材料包括国内购进免税原材料和进料加工免税进口料件，进料加工免税进口料件的价格为组成计税价格。

进料加工免税进口料件的组成计税价格=货物到岸价格+海关实征关税+海关实征消费税

②当期期末留抵税额≤当期免抵退税额时。

当期应退税额=当期期末留抵税额

当期免抵税额=当期免抵退税额-当期应退税额

③当期期末留抵税额＞当期免抵退税额时。

当期应退税额=当期免抵退税额

当期免抵税额=0

④先征后退的增值税，按照当期出口货物的离岸价和外汇人民币牌价计算应退税额。

当期应纳税额=当期内货物的销项税额+当期出口货物离岸价×外汇人民币牌价×征税率-当期全部进项税额

当期应退税额=出口货物离岸价×外汇人民币牌价×退税税率

⑤生产企业自营或委托外贸企业代理出口的消费税应税货物，属从价定率计征的，按消费税的计税价格为依据；属从量定额计征的，按出口数量为依据，予以免征消费税。计算公式可参考外贸企业的消费税退税计算公式。

案例分析
外贸企业的出口应退税额的计算

某外贸企业2018年6月初购进坯布，已知进价为45万元，委托某服装厂加工成服装出口，支付加工费3万元，自营出口销售收入6万美元。除此之外，还发生了一些其他业务，具体情况如下。

①从小规模纳税人处收购香料出口，取得普通发票，收购价30万元。

②直接收购柑桔出口，收购价15万元。

③5月进口澳毛，到岸价150万美元，假设进口实征关税30万元，实征增值税30万元。该批货物在6月初全部售出，销售收入为1350万元。

④当月出口小五金187.5万美元，进价为1500万元。

购进坯布并委托加工出口的应退税额=（45+3）×16%=7.68（万元）

出口香料的应退税额=30÷（1+6%）×6%=1.70（万元）

直接收购柑桔并出口的应退税额=0（万元）

进口澳毛应抵扣减免税额=1350×16%-30=186（万元）

出口小五金的应退税额=1500×16%=240（万元）

该公司6月应退税额=7.68+1.7+0-186+240=63.38（万元）

NO. 132 特定商品应交消费税的计算

消费税以特定消费品为课税对象进行征税，纳税人只在应税消费品的生产、委托加工和进口环节缴税，而批发和零售环节不再缴纳。消费税的适用税率有很多，具体参考《消费税税目和税率表》，这里就不再赘述，下面来了解消费税的计算公式。

1.从价定率计算

应交消费税税额=应税消费品的销售额×适用税率

2.从量定额计算

应交消费税税额=应税消费品的销售数量×单位税额

3.我国目前只对卷烟和白酒采用复合计征方式计算

应交消费税税额=应税消费品的销售数量×单位税额+应税消费品的销售额×适用税率

案例分析

销售白酒应缴纳的消费税

某白酒厂为增值税一般纳税人，主要经营的是散装白酒的生产和销售。2018年1月销售粮食白酒共90吨，取得不含增值税的销售额为144万元。查询《消费税税目和税率表》知，白酒适用税率为20%，单位税额为240元/吨。那么，该酒厂销售这批白酒需要缴纳多少消费税呢？

应交消费税税额=90×240+1440000×20%=309600（元）

除了白酒和卷烟外，其他应税消费品只需要按从价定率或从量定额计算缴纳消费税。

NO.133 应交城市维护建设税

城市维护建设税简称城建税，是为了加强城市的维护建设、扩大和稳定城市维护建设资金的来源而对有经营收入的单位和个人征收的一种税。该税以纳税人实际缴纳的增值税和消费税总额为计税依据，计算缴纳相应的税款，与增值税和消费税同时缴纳。计算公式如下所示。

应交城建税税额=（实际缴纳的增值税税额+实际缴纳的消费税税额）×适用税率

城建税的税率要根据城建规模的大小进行选择，一般来说，城镇规模越大，所需的建设与维护资金越多。因此，城建税规定，纳税人所在地是城市市区的，税率为7%；纳税人所在地为县城或建制镇的，税率为5%；纳税人所在地不在城市市区、县城和建制镇的（即纳税人在乡村），税率为1%。

需要注意的是，纳税人在外地发生缴纳增值税和消费税的，按纳税发生地的适用税率计征城建税。也就是说，如果一个企业本身地处乡村，其适用的城建税税率为1%，但其业务发生在建制镇或县城，缴纳增值税或消费税也在建制镇或县城，则在计算应交城建税税额时要以5%的税率为准；在城市市区发生缴纳增值税或消费税，要以7%的税率为准。

案例分析

取得销售额时要缴纳城市维护建设税

某化妆品销售公司为增值税一般纳税人，地处广州市市区。2018年7月向市区某大型商场销售一批化妆品，开具了增值税专用发票，取得不含税销售额67.5万元，增值税税额为108000元。当月底，该公司又向某个县城的一家大商场销售了一批化妆品，开具了增值税专用发票，取得不含税销售额75000元，增值税税额为12000元。已知该批化妆品的消费税税率为15%。该公司当月需要缴纳多少城市维护建设税？

当月应交增值税税额=108000+12000=120000（元）

当月应交消费税税额=（675000+75000）×15%=112500（元）

当月应交城市维护建设税税额=（108000+675000×15%）×7%+（12000+75000×15%）×5%=209250×7%+23250×5%=15810（元）

如果企业在缴纳增值税或消费税的过程中发生了税收优惠，则对应的城市维护建设税也同样享受税收优惠。但是，出口产品退还增值税和消费税的，不退换已缴纳的城建税；增值税和消费税先征后返、先征后退和即征即退的，不退换已缴纳的城建税。

NO. 134 教育费附加的核算

教育费附加与城建税类似，是以实际缴纳的增值税和消费税为计税依据，对有经营收入的单位和个人征收的一种附加费。教育费附加包含两个部分，一是教育费附加，适用税率为3%；二是地方教育附加，适用税率为2%。计算公式如下。

> 应交教育费附加=（实际缴纳的增值税税额+实际缴纳的消费税税额）×适用税率

【例】以NO.133中的案例为基础，已知该化妆品销售公司2018年7月的增值税税额为120000元，消费税税额为112500元，计算公司应缴纳的教育费附加。

教育费附加=（120000+112500）×（3%+2%）=11625（元）

另外，教育费附加还实行"出口不退、进口不征"的政策，对由于减免增值税和消费税而发生的退税，可同时退还已缴纳的教育费附加。

NO. 135 企业所得税

企业所得税是对我国内资企业和经营单位的生产经营所得和其他所得征收的一种税，这里的生产经营所得包括销售货物所得、提供劳务所得、转让财产所得、股息红利所得、利息所得、租金所得、特许权使用费所得、接受捐赠所得。相关计算公式如下所示。

> 应交企业所得税税额=当期应纳税所得额×适用税率-减免税额-抵免税额
>
> 当期应纳税所得额=收入总额-准予扣除项目的金额
> =会计利润+纳税调整增加额-纳税调整减少额+境外应税所得弥补境内亏损-弥补以前年度亏损

不同的企业，适用的企业所得税税率不同，主要有如下几种类型。

◆ **25%的企业所得税税率**：居民企业取得的各项所得、非居民企业在中国境内设立机构和场所取得的来源于中国境内的所得以及发生在中国境外但与其所设机构和场所有实际联系的所得。

◆ **20%的企业所得税税率**：非居民企业在中国境内未设立机构或场所的所得，或虽设立机构或场所但取得与其所设机构或场所没有实际联系的所得。企业所得税法实施条例同时规定这些所得在实际征收过程中减按10%税率征收或有事项和资产负债表日后事项。另外，对符合条件的小型微利企业减按20%税率缴纳企业所得税。

◆ **15%的企业所得税税率**：国家重点扶持的高新技术企业。

案例分析

取得销售收入时别忘了缴纳企业所得税

某市煤矿联合企业为增值税一般纳税人，主要开采原煤销售，适用企业所得税税率为25%。2018年有关业务情况如下。

①销售开采原煤19500吨，不含税收入22500万元，销售成本9870万元。

②转让开采技术的所有权，取得收入975万元，该技术所有权的账面余额为450万元。

③提供矿山开采技术培训，取得收入450万元，当期为培训业务耗用了库存材料成本27万元。

④取得国债利息收入195万元。

⑤购进原材料共4500万元，取得增值税专用发票注明进项税额720万元；另外，支付原材料运输费用345万元，取得运输发票。

⑥发生销售费用2475万元，其中广告费2100万元。

⑦发生管理费用1848万元，其中业务招待费180万元，探采技术研究费用420万元。

⑧发生财务费用420万元，其中包括向非金融企业借款1500万元支付的年利息180万元和向金融企业贷款1200万元支付的年利息69.6万元。

⑨计入成本和费用中的实发工资为1230万元，工会经费24.6万元，

职工福利费147万元，职工教育经费37.5万元。

⑩营业外支出750万元，其中包括向灾区捐款450万元和消防设施不合格的罚款支出75万元。

已知煤矿的资源税为5元/吨；上年广告费用超支570万元；业务招待费按发生额的60%扣除，但最高不得超过当年营业收入的5‰；广告宣传费准予扣除的部分不得超过当年营业收入的15%，超过部分准予在以后纳税年度结转扣除；向非金融机构支付的税前扣除的借款利息不得超过向金融机构贷款支付的利率标准；工会经费扣除限额为工资总额的2%和实际发生数中的最小值；职工福利费扣除限额为工资总额的14%和实际发生数中的最小值；职工教育经费扣除限额为工资总额的2.5%和实际发生数中的最小值；捐款支出税前扣除不得超过年度利润总额的12%；行政罚款不得税前扣除。相关计算如下所示。

应交增值税=22500×16%+450×6%+27×16%−720−345×10%=3600+27+4.32−720−34.5=2876.82（万元）

应交城市维护建设税和教育费附加=2876.82×（7%+5%）=345.22（万元）

营业利润=22500+450+195−（9870+27+27×16%）−（19500×5÷10000+345.22）−2475−1848−420=23145−9901.32−354.97−4743=8145.71（元）

营业外收入=975−450=525（万元）；营业外支出=750（元）

利润总额（即会计利润）=8145.71+525−750=7920.71（万元）

广告宣传费扣除限额=（22500+450）×15%=3442.5（万元）＞2100万元，所以该公司2016年发生的2100万元广告费可据实全额扣除。

业务招待费扣除限额=（22500+450）×5‰=114.75（万元）＞180×60%=108（万元），所以能在税前扣除的业务招待费为108万元，所以要调增72万元（180−108）。

金融机构贷款年利率=69.6÷1200×100%=5.8%，所以，向非金融机构借款准予税前扣除的利息=1500×5.8%=87（万元）<180万元，所以要调增93万元。

工会经费税前扣除限额=1230×2%=24.6（万元），与实际发生数相等，可据实全额扣除。

职工福利费扣除限额=1230×14%=172.2（万元）>147万元，所以可据实全额扣除。

职工教育经费扣除限额=1230×2.5%=30.75（万元）<37.5万元，即税前准予扣除的职工教育经费为30.75万元，所以要调增6.75万元。

捐款扣除限额=7920.71×12%=950.49（万元）>450万元，可据实全额扣除，不做调整。

消防设施罚款支出不得在税前扣除，所以要全额调增，即75万元。

探采技术研究费用加计扣除50%，即调减210万元（420×50%）。

国债利息收入195万元免税，所以要调减195万元；转让开采技术所有权属于减免税项目，所以要调减525万元（975-450）；弥补上年广告费超支的为570万元，所以要调减570万元。

当期应纳税所得额=7920.71+72+93+6.75+75-210-195-525-570=6667.46（万元）

应纳企业所得税税额=6667.46×25%=1666.87（万元）

NO. 136 个体工商户的生产、经营所得应纳税额

个体工商户的生产、经营所得是指这4个部分：个体工商户从事工业、手工业、建筑业、交通运输业、商业、饮食业、服务业、修理业和其他行业的生产、经营所得；个人经政府等有关部门批准，取得营业执照，从事办学、医疗咨询和其他有偿服务活动的所得；其他个人从事个

体工商业生产、经营所得；前述个体工商户和个人取得的与生产、经营有关的各项应纳税所得。相关计算公式如下所示。

> 应纳税所得额=收入总额（含业主的工资）-成本-费用-损失-准予扣
> 　　　　除的税费-规定的费用扣除
>
> 应纳税额=应纳税所得额×适用税率-速算扣除数

对于该公式中涉及的准予扣除的项目和相关的不得在所得税前列支的项目，这里不做详细说明，需要判断是否准予扣除时，可查看相关的法律资料。这里我们来认识个体工商户的生产、经营所得适用的税率，具体如表8-1所示。

表 8-1

级数	全年应纳税所得额（元）		税率（%）	速算扣除数（元）
	含税级距	不含税级距		
1	≤ 15000 元	≤ 14250 元	5	0
2	15000 ~ 30000 元（含）	14250 ~ 27750 元（含）	10	750
3	30000 ~ 60000 元（含）	27750 ~ 51750 元（含）	20	3750
4	60000 ~ 100000 元（含）	51750 ~ 79750 元（含）	30	9750
5	> 100000 元	> 79750 元	35	14750

案例分析
经营加工厂的应纳税额

张某2016年承包了某加工厂，根据协议变更登记为个体工商户。2016年加工厂取得收入总额105万元（含税），准予扣除的成本、费用和相关支出共87万元（含税），其中包括张某每月从加工厂领取的工资3000元。计算张某经营的加工厂应缴纳的所得税税款。

个体工商户的业主工资不能在计算个体工商户生产、经营所得应纳税所得额时扣除，所以：

应纳税所得额=105-87+3000÷10000×12=21.6（万元）

应纳税额=21.6×10000×35%−14750=60850（元）

NO.137 对企事业单位的承包或承租经营所得的应纳税额

对企事业单位的承包或承租经营所得是指个人承包经营、承租经营以及转包或转租等所得，包括个人按月或按次取得的工资和薪金性质的所得。对企事业单位的承包或承租经营所得税税率与个体工商户生产、经营所得税税率相同，参见表8-1。计算公式如下。

> 应纳税所得额=纳税年度收入总额−成本−费用−准予扣除的费用
>
> 应纳税额=应纳税所得额×适用税率−速算扣除数

案例分析
对企事业单位进行承包或承租经营要缴纳税款

魏某2016年承包了某市一家服装厂，享有利润支配权。分别在当年6月和12月两次取得承包经营利润90000元和75000元，同时每月从该服装厂取得工资1500元。计算应纳税额。

对企事业单位的承包、承租经营年所得=经营利润+从承包、承租的企事业单位取得的工资和薪金性质的所得=90000+75000+1500×12=183000（元）

应纳税额=183000×35%−14750=49300（元）

NO.138 企业清算所得应缴纳相应税款

企业清算指企业按章程规定解散和由于破产或其他原因宣布终止经营后，对企业的财产、债权和债务进行全面清查，并进行收取债权、清偿债务和分配剩余财产的经济活动。

企业清算所得指企业的全部资产可变现价值或交易价格，减去资产净值、清算费用和相关税费后的余额。但是，未经审批的财产损失不得在计算清算所得时扣除；盈余公积和资本公积属于股东权益，不计入清算所得。清算期间不属于正常生产经营期间，不能享受法定减免税优惠，清算所得一律适用基本税率25%。计算公式如下所示。

> 清算所得=资产（含盘盈资产）变现收入-清算费用（含相关税费）-资产计税基础净值±其他纳税调整额-弥补以前年度亏损
>
> 应纳税额=清算所得×25%

案例分析
公司注销如何计算应纳税款

P公司成立于2013年9月，注册资本为2000万元（其中，某集团出资1200万元，占60%；自然人江某出资800万元，占40%）。由于该公司生产环节对环境的污染太严重，所以环保部门要求该公司关停，股东大会在2017年9月30日决定解散并注销P公司。2017年12月30日，该公司的资产负债表部分内容如表8-2所示。

表8-2

资产负债表（部分）

编制单位：P公司　　　　　　　2017年12月31日　　　　　　　单位：万元

资　产	金额	负债和所有者权益（或股东权益）	金额
货币资金	1100	短期借款	200
应收账款	700	应付账款	400
其他应收款	200	应付职工薪酬	100
存货	5200	应交税费	300
固定资产	12000	其他应付款	200
可供出售金融资产	800	实收资本	2000
—	—	资本公积	600
—	—	留存收益	16200
资产总计	20000	负债和所有者权益总计	20000

清算期间共发生清算费用（不含相关税费）160万元。资产账面价值、计税基础、处置收入和应纳税费等情况如表8-3所示。

表8-3   单位：万元

资产	账面价值	计税基础	处置收入	应纳税费	备注
货币资金	1100	1100	1100	0	—
应收账款	700	640	600	0	发生坏账损失100万元，准予税前扣除
其他应收款	200	200	0	0	不得税前扣除
存货	5200	5180	6400	1196.8	增值税额1088万元，地税税额108.8万元
固定资产	12000	11900	18000	1200	增值税额60万元，地税税额1140万元
可供出售金融资产	800	200	1000	0	—
合计	20000	19220	27100	2396.8	—

表中的存货和固定资产处置收入均为不含增值税收入；应付账款中有40万元因为债权人注销而无需支付，其他全部债务全部以现金偿还；可供出售金融资产为企业2014年4月在股票市场购买的股票，初始购买价款为200万元，截至2016年底，该企业可供出售金融资产的公允价值为800万元，企业资本公积600万元反映的是该企业可供出售金融资产的公允价值变动。

清算所得＝资产可变现价值或交易价格－资产的计税基础－清算费用－相关税费＋债务清偿损益－弥补以前年度亏损±纳税调整额＝27100－19220－160－（108.8＋1140）＋40＋200＝6711.2（万元）

应纳税额＝6711.2×25%＝1677.8（万元）

NO.139 工资、薪金所得应缴纳个人所得税

工资、薪金所得指个人因任职或受雇而取得的工资、薪金、年终加

薪、奖金、分红、津贴、补贴以及与任职或受雇有关系的其他所得。计算公式如下。

> 每月应纳税所得额=月工资、薪金收入-3500
>
> 每月应纳税额=每月应纳税所得额×适用税率-速算扣除数

在计算缴纳个人所得税时，也存在允许税前扣除的项目，如执行公务员工资制度未纳入基本工资总额的补贴、津贴差额以及外籍人员在每月减除3500元的基础上再减除1300元等。下面就来了解工资、薪金所得个人所得税税率，如表8-4所示。

表 8-4

级数	全月含税应纳税所得额	税率（%）	速算扣除数（元）
1	≤ 1500 元	3	0
2	1500 ~ 4500 元（含）	10	105
3	4500 ~ 9000 元（含）	20	555
4	9000 ~ 35000 元（含）	25	1005
5	35000 ~ 55000 元（含）	30	2755
6	55000 ~ 80000 元（含）	35	5505
7	> 80000 元	45	13505

案例分析
根据工资收入计算应纳税款

秦女士2017年12月的工资收入为5200元，扣除"五险一金"后，工资收入还有4500元。那么她当月要缴纳多少个人所得税呢？

应纳税所得额=4500-3500=1000（元）＜1500元

所以，秦女士缴纳个人所得税时，适用税率3%，速算扣除数0。

应纳税额=（4500-3500）×3%=30（元）

由此可知，五险一金可以在个人所得税计缴前扣除。

NO. 140 劳务报酬所得缴纳个人所得税

劳务报酬所得指个人从事设计、装潢、安装、制图、化验、测试、医疗、法律、会计、咨询、讲学、新闻、广播、翻译、审稿、书画、雕刻、影视、录音、录像、演出、广告、展览、技术服务、介绍服务、经纪服务及代办服务等取得的收入。相关计算公式如下所示。

1.每次收入不超过4000元（含）

每次应纳税所得额=劳务报酬所得-800

每次应纳税额=每次应纳税所得额×适用税率-速算扣除数

2.每次收入超过4000元

每次应纳税所得额=劳务报酬所得×（1-20%）

每次应纳税额=每次应纳税所得额×适用税率-速算扣除数

如表8-5所示的是劳务报酬所得税税率的等级划分。

表8-5

级数	全月应纳税所得额	税率（%）	速算扣除数（元）
1	≤ 20000 元	20	0
2	20000 ~ 50000 元（含）	30	2000
3	> 50000 元	40	7000

案例分析

计算个人劳务报酬应缴纳的税款

商教授与某企业签订了劳务合同，给该企业管理层讲课5天，讲课费共计6万元。那么：

应纳税所得额=60000×（1-20%）=48000（元）

应纳税额=48000×30%-2000=12400（元）

NO.141 稿酬所得应纳个人所得税

稿酬所得指个人因其作品以图书或报刊形式出版或发表而取得的所得，这里的"作品"包括中外文字、图片、乐谱、著作和翻译的作品等。相关计算公式如下。

> 1.每次收入不超过4000元（含）
>
> 每次应纳税额＝（稿酬所得-800）×20%×（1-30%）
>
> 2.每次收入超过4000元
>
> 每次应纳税额＝稿酬所得×（1-20%）×20%×（1-30%）

案例分析

获得两次稿酬，要缴多少税款

李俊是一名计算机工程师，2017年6月，其编著的计算机教材通过相关出版社出版，获得稿酬10000元。当年12月该教材进行了加印，李俊因此又获得稿酬4000元。李俊前后两次分别需要缴纳多少个人所得税呢？

第一次应纳税额＝10000×（1-20%）×20%×（1-30%）＝1120（元）

第二次应纳税额＝（10000+4000）×（1-20%）×20%×（1-30%）-1120＝448（元）

拓展学习 **加印和改版的个人所得税征收规则不同**

1.个人每次以图书或报刊方式出版或发表同一作品，无论出版单位是预付还是分笔支付稿酬，或加印作品后再付稿酬，均应合并其稿酬所得按一次计征个人所得税。如上述案例中的情况。

2.在两处或两处以上出版、发表或改版（即再版）同一作品而取得的稿酬所得，可按分处或再版所得分次计征个人所得税。

3.个人同一作品如果连载，应合并连载取得的所有稿酬一次征税；连载之后又出书而取得稿酬或先出书后连载取得稿酬，应视同再版而分次征税。

也就是说，如果上述案例中李俊第二次收到的4000元稿酬不是因为加印，而是因为再版。那么，第二次应纳税额=（4000-800）×20%×（1-30%）=448（元）。

NO.142 特许权使用费所得按个人所得计缴税费

特许权使用费指个人因提供专利权、商标权、著作权、非专利技术和其他特许权的使用权而取得的收入，其中，提供著作权的使用权取得的收入不包括稿酬所得。特许权使用费所得以个人每次取得的收入，定额或定率减去规定费用后的余额作为应纳税所得额，每次收入指一项特许权的一次许可使用取得的收入。相关计算公式如下所示。

> 1.每次收入不超过4000元（含）
>
> 每次应纳税额=（特许权使用费所得-800）×20%
>
> 2.每次收入超过4000元
>
> 每次应纳税额=特许权使用费所得×（1-20%）×20%

【例】姜女士2017年1月出让其一项专利权的使用权，一次性取得收入80000元，那么：应纳税额=80000×（1-20%）×20%=12800（元）。

NO.143 利息、股息和红利所得要缴税

利息、股息和红利指个人因拥有债权或股权所取得的收入，个人拥有债权会取得利息；个人拥有股权会取得股息和红利。有些人或企业会把对这3种收入征收的税称为红利税，但这种称呼并不常见。

利息、股息和红利所得以个人每次取得的收入额为应纳税所得额，不得从收入额中扣除任何费用。

目前，利息、股息和红利所得适用20%的比例税率，其中，持股期限在一个月以内的，税率为20%；持股期限在一个月～一年的，税率为10%；持股期限超过一年的，股息红利所得暂免征收个人所得税。另外，储蓄存款在2008年10月9日（含）后孳生的利息暂免征收个人所得税。相关计算公式如下。

应纳税额=应纳税所得额（每次收入额）×适用税率

【例】蒋先生拥有R公司的一些股权，持股一个月后就获得一笔股息，价款为4500元，那么：应纳税额=4500×10%=450（元）。

NO. 144 财产租赁所得应纳税额

财产租赁所得指个人出租建筑物、土地使用权、机器设备、车船和其他财产而取得的收入。财产租赁所得一般以个人每次取得的收入，定额或定率减去规定费用后的余额为应纳税所得额。相关计算公式如下。

1.每次（月）收入不超过4000元（含）

每次（月）应纳税所得额=每次（月）收入额-准予扣除项目-修缮费用-800

每次（月）应纳税额=每次（月）应纳税所得额×20%

2.每次（月）收入超过4000元

每次（月）应纳税所得额=[每次（月）收入额-准予扣除项目-修缮费用]×（1-20%）

每次（月）应纳税额=每次（月）应纳税所得额×20%

个人按市场价格出租居民住房而取得的收入，暂减按10%征税。

个人出租财产取得的财产租赁收入，在计缴个人所得税时要注意：扣除财产租赁过程中缴纳的税费；纳税人负担的出租财产实际开支的修缮费用一次最高可扣除800元，一次扣不完的，准予在下一次计缴税费时扣除，直到扣完为止。

案例分析

出租住房要缴纳多少税费

蔡女士2017年3月将自有的一套80平方米的住房出租给杨某居住，租期为一年。蔡女士以市场价格为准，每月收取租金1700元，全年租金收入20400元。计算蔡女士全年租金收入应缴纳的个人所得税。

每月应纳税额＝（1700-800）×10%=90（元）

全年应纳税额=90×12=1080（元）

NO.145 财产转让所得应纳个人所得税

财产转让指个人转让有价证券、股权、建筑物、土地使用权、机器设备、车船和其他财产而取得的收入，相关计算公式如下所示。

1.转让住房

应纳税额=（财产转让收入-财产原值-合理税费）×20%

合理税费指城建税、教育费附加、土地增值税、印花税、装修费和银行贷款利息等。

2.转让无形资产

①每次收入不超过4000元（含）

每次应纳税额=（每次收入额-相关税费-800）×20%

②每次收入超过4000元

每次应纳税额=（每次收入额-相关税费）×（1-20%）×20%

【例】2017年5月，辛先生将以6000元购入的国库券对外转让，获得收入9000元，转让过程中发生有关税费300元，那么，应纳个人所得税=

（9000−300）（1−20%）×20%=1392（元）。

个人取得的国库券利息收入，按《个人所得税法》的规定可以享受免税待遇，但个人买卖或转让国库券的收入属于财产转让所得，必须计缴个人所得税。

NO. 146 偶然所得应缴纳所得税款

偶然所得指个人得奖、中奖、中彩和其他偶然性质的收入，它以个人每次取得的收入额为应纳税所得额，不扣除任何费用（特殊规定除外）。相关计算公式如下。

> 应纳税额=每次偶然所得×20%

案例分析

用于公益捐赠的偶然所得可以免征个人所得税

沈先生2017年年初购买了一注双色球，幸运的是中了四等奖，奖金共10000元。沈先生从中拿出5000元通过相关部门捐赠给了某福利院。

沈先生捐赠额占总奖金的比例=5000÷10000×100%=50%，大于税法规定的30%限额，所以，能从应纳税所得额中扣除的金额=10000×30%=3000（元），进而，应纳税所得额=10000−3000=7000（元）。

应纳税额=7000×20%=1400（元）

沈先生拿到手的金额=10000−5000−1400=3600（元）

NO. 147 车辆购置税在买车时一次性缴纳

车辆购置税是对在境内购置规定车辆的单位和个人征收的一种税，

其中，规定的车辆包括汽车、摩托车、电车、挂车和农用运输车。计算公式如下。

> 应纳税额=计税价格×税率
>
> 如果购买的是国产私车，计税价格=支付给经销商的全部价款和价外费用，不包括增值税税款。因为机动车销售专用发票的购车价中一般都含有增值税税款，所以在计征车辆购置税税额时，必须先将16%的增值税剔除，然后再按10%的税率计征车辆购置税，即：
>
> 应纳税额=购车价（发票价）÷（1+16%）×税率
>
> 如果购买的是进口私车，则计税价格=关税完税价格+关税+消费税，即：
>
> 应纳税额=（关税完税价格+关税+消费税）×税率
>
> 不同排量的汽车，其适用税率可能不同。2017年1月1日～2017年12月31日购买汽车并缴纳车辆购置税的，对1.6升及以下排量的乘用车按7.5%税率征收，但从2018年1月1日起，恢复按10%税率征收。

【例】某消费者购买了一辆长城小汽车（国产），所有价款共计12万元，所以他应缴纳的车辆购置税为：

应纳税额=120000÷（1+16%）×10%=10344.83（元）

NO.148 车船税每年都要交

车船税是一种对在中国境内应依法到公安、交通、农业、渔业和军事等管理部门办理登记的车辆和船舶，根据其种类，按规定的计税依据和年税额标准计征的财产税。

其中，车辆和船舶包括核定载客人数9人以下的乘用车、客车和货车等商用车、专用作业车和轮式专用机械车（不包括拖拉机）、摩托车以及机动船舶、非机动船舶、拖船和游艇。相关计算公式如下所示。

乘用车、客车和摩托车的应纳税额=计税单位数量×适用年基准税额

货车、专用作业车和轮式专用机械车的应纳税额=整备质量吨位数× 适用年基准税额

机动船舶的应纳税额=整备质量吨位数×适用年基准税额

拖船和非机动船舶的应纳税额=净吨位数×适用年基准税额×50%

游艇的应纳税额=艇身长度×适用年基准税额

各种车辆和船舶的适用年基准税额请参考最新的《车船税税目税额表》。如果是在年中购买了新的车船，则当年应纳税额自纳税义务发生的当月起按月计算，公式为：

应纳税额=适用年基准税额÷12×应纳税月份数

保险机构代收代缴车船税和滞纳金，滞纳天数的计算自应购买交强险截止日期的次日起到纳税人购买交强险当日止。公式如下。

每年度欠税应加收的滞纳金=欠税金额×滞纳天数×0.5%

案例分析

车船税的计缴

某运输公司经营乘客运输业务，大客车120辆，小客车80辆。大客车每辆适用年基准税额为600元，小客车每辆适用年基准税额为480元。如果该公司2017年应缴纳交强险的截至时间为6月30日，但实际缴纳车船税的时间为9月30日，该运输公司一年需要缴纳多少车船税和滞纳金？

每年应交车船税=120×600+80×480=110400（元）

欠税加收的滞纳金=110400×92×0.5%=50780（元）

NO. 149 房屋所有者按年缴纳房产税

房产税以房屋为征税对象，由房屋产权所有人缴纳。相关计算公式如下所示。

1.经营自用的房屋，以房产的计税余值为计税依据

应纳税额=应税房产原值×（1-原值减除比例）×1.2%

计税余值指按照税法规定，将房产原值一次性减除10%（含）～30%（含）的损耗价值后的余额。

2.出租的房屋，以租金收入为计税依据

应纳税额=租金收入×12%

若是个人出租住房，则不区分用途，按4%税率征收房产税，即：

应纳税额=租金收入×20%

若是企事业单位、社会团体或其他组织按市场价格向个人出租用于居住的住房，减按4%税率征收房产税，公式与个人出租住房相同。

【例】Q公司的经营自用房屋原值为5000万元，按照所在地税务局的规定，允许以减除30%后的余额作为计税依据，则该公司每年要交多少房产税呢？

应纳税额=50000000×（1-30%）×1.2%=420000（元）

NO.150 房屋产权接受者应缴纳契税

契税是一种以所有权发生转移变动的不动产为征税对象，由产权接受者缴纳税款的财产税。产权接受者可以是单位或个人，与房产税不同，契税只在交易时缴纳一次，并不会每年都缴。契税实行3%～5%的幅度税率，具体执行税率由各省、自治区和直辖市人民政府在规定的幅度内，根据本地区的实际情况确定，计算公式如下。

应纳税额=计税依据×税率

国有土地使用权出让和出售、房屋买卖等，以成交价格（合同确定的价格）为计税依据；土地使用权赠与和房屋赠与，由征收机关参照土地使用权出售或房屋买卖的市场价格核定计税依据。

土地使用权交换或房屋交换，以交换的土地使用权或房屋的价格差额为计税依据，即交换价格相等时，免征契税；交换价格不等时，由交换价格低的一方缴纳契税。要注意的是，个人首次购买90平方米以下住房的，减按1%税率缴纳契税。

案例分析
房屋交换价格不等时，补偿价款应缴纳契税

有两家公司位于同一经济开发区，由于业务范围要求，需要各自交换一处房产，已知R公司用于交换的房产面积为120平方米，市场价为168万元，S公司用于交换的房产面积为160平方米，市场价为240万元。所以，交换过程中R公司需要补偿S公司72万元。当地政府规定的契税税率为3.5%。

R公司应缴纳契税=720000×3.5%=25200（元）

NO. 151 土地的有偿出售、转让等要交土地增值税

土地增值税指转让国有土地使用权、地上建筑物及其附着物并取得收入的单位和个人，以转让所得减去法定扣除项目金额后的增值额为计税依据计缴税款的一种税。相关计算公式如下。

增值额=转让收入-法定扣除项目金额

增值率=增值额÷法定扣除项目金额×100%

应纳税额=增值额×适用税率-法定扣除项目金额×速算扣除系数

目前，我国土地增值税实行4级超率累进税率，如表8-6所示。

表8-6

级别	增值额与法定扣除项目金额的比率	税率（%）	速算扣除系数（%）
1	比率≤50%	30	0

级别	增值额与法定扣除项目金额的比率	税率（%）	速算扣除系数（%）
2	50% <比率≤ 100%	40	5
3	100% <比率≤ 200%	50	15
4	比率> 200%	60	35

案例分析

出让地上建筑物应缴纳土地增值税

某房地产开发商2017年年底出售其开发的一幢写字楼，取得收入5700万元。企业当初为开发该写字楼支付了土地出让金900万元，房地产开发成本为2100万元，支付贷款利息180万元，转让过程中应缴纳的增值税、城建税和教育费附加共316.35万元。当地政府规定，该企业可按土地使用权出让费和房地产开发成本之和的5%计算并扣除其他房地产开发费用，同时，可按土地出让费和开发成本之和的20%加计扣除。

法定扣除项目金额=900+2100+180+316.35+（900+2100）×（5%+20%）=3496.35+750=4246.35（元）

增值额=5700-4246.35=1453.65（万元）

增值额与法定扣除项目金额的比率=1453.65÷4246.35=34.23%

应纳税额=1453.65×30%-0=436.10（万元）

NO. 152 核算进口关税

进口关税是一个国家的海关对进口货物和物品征收的税。各国已不再使用过境关税，出口税也很少使用。计算公式如下。

进口关税税额=完税价格×进口关税税率

在计算应交进口关税时，关键在于确定完税价格。完税价格一般以进口货物的成交价格为基础，包括货价、货物运抵我国海关境内输入地点后卸货前的运费和保险费。如果卖方在货物交易过程中给了我方正常折扣，则折扣金额应从成交价格中扣除。

1.以CIF价格（到岸价格）成交的

完税价格=CIF价格

2.以CFR价格（到岸价格+保险费）成交的

完税价格=CFR价格÷（1-保险费率）=CIF价格+保险费

3.以FOB价格（到岸价格+保险费+运费）成交的

完税价格=（FOB价格+运费）÷（1-保险费率）

=CIF价格+保险费+运输费

案例分析

计算进口钢铁盘条的关税

　　T公司从美国进口钢铁盘条150吨，成交价格为CIF天津新港187500美元。海关填发税款缴款书之日的外汇牌价为：1美元=8.4726人民币元（买入价），1美元=8.5718人民币元（卖出价），计算应缴纳的关税。

　　审核申报价格，符合"成交价格"的条件。查询《中华人民共和国进境物品归类表》可知，钢铁盘条的进口关税税率为15%。根据外汇牌价，将货价折算成人民币。

　　外汇买卖中间价:1美元=（8.4726+8.5718）÷2=8.5222人民币

　　完税价格=187500×8.5222=1597912.5（元）

　　进口关税=1597912.5×15%=239686.88（元）

　　如果该公司进口的钢铁盘条以FOB价格或CFR价格成交，则在计算税款时应先把进口货物的申报价格折算成CIF价格，然后再按上述计算过程计算税款。假设该批钢铁盘条的单位运费为1.5美元/吨，保险费率为0.25%，187500美元为FOB价格。其他条件不变，求应交关税。

　　CIF价格=（187500+1.5×150）÷（1-0.25%）=188195.49（美元）

完税价格=188195.49×8.5222=1603839.60（元）

进口关税=1603839.60×15%=240575.94（元）

拓展学习 *出口关税的计算*

出口关税与进口关税相对应，是指出口国海关将本国产品输往国外时对出口商品征收的关税。由于征收出口关税会提高本国产品在国外市场的销售价格，变相阻止消费者购买，所以各国很少征收出口关税。

出口关税的计算关键也在于完税价格的确定，主要分为CIF价格、CFR价格和FOB价格。

①以CIF价格为基础

完税价格=（CIF价格-保险费-运费）÷（1+出口关税税率）

②以CFR价格为基础

完税价格=（CFR价格-运费）÷（1+出口关税税率）

③以FOB价格为基础

完税价格=FOB价格÷（1+出口关税税率）

比如，某公司出口一批材料，FOB价格为60000美元，出口关税税率为20%，收到海关填发的税款交纳凭证当天的美元汇率中间价为6.27元，则：

出口关税完税价格=60000÷（1+20%）×6.27=313500（元）

出口关税=313500×20%=62700（元）

NO. 153 城镇土地使用税

城镇土地使用税以开征范围的土地为征税对象，以实际占用的土地面积为计税依据，按规定税额对拥有土地使用权的单位和个人征税，按年征收，计算公式如下。

应交城镇土地使用税=应税土地的实际占用面积×适用单位税额

城镇土地使用税适用地区幅度差别定额税率，按大、中、小城市和县城、建制镇与工矿区分别规定每平方米的年应纳税额，具体标准是：大城市1.5～30元/平方米、中等城市1.2～24元/平方米、小城市0.9～18元/平方米以及县城、建制镇和工矿区0.6～12元/平方米。

【例】某钢材进出口公司位于一线城市郊区，占用土地面积为2000平方米，当地政府规定城镇土地使用税的每平方米年应纳税额为20元，那么：每月应缴纳城镇土地使用税=2000×20=40000（元）。

NO. 154 耕地占用税

耕地占用税与城镇土地使用税是不同的，它是在全国范围内，就改变耕地用途的行为而征收的税，是一次性征收。这里的耕地包括菜地、花圃、苗圃、茶园、果园、桑园、种植经济林木的土地、鱼塘及草场等。耕地占用税的计算公式如下。

> 应交耕地占用税=实际占用耕地面积（平方米）×适用定额税率

耕地占用税采用地区差别定额税率。相关规定如表8-7所示。

表8-7

地区	定额税率（元/平方米）
人均耕地不超过1亩的（以县级行政区域为单位，下同）	10～50
人均耕地超过1亩但不超过2亩的	8～40
人均耕地超过2亩但不超过3亩的	6～30
人均耕地超过3亩的	5～25

注意，经济特区、经济技术开发区和经济发达、人均耕地特别少的地区，耕地占用税的适用税额可适当提高，但最多不得超过上表中规定税额的50%。

【例】以NO.153中的案例为基础，该钢材公司当初获得的面积为2000平方米的土地实际上是郊区农民的耕地，所以在获得该土地时需要缴纳耕地占用税。已知该耕地人均1.2亩，当地政府规定的适用税额为20元/平方米，所以：应交耕地占用税=2000×20=40000（元）。

NO. 155 资源税

资源税以各种应税自然资源为课税对象，所有开采者的所有应税资源都应缴纳资源税，同时，开采中、优等资源的纳税人还要相应地多缴纳一部分资源税。这里的自然资源包括矿产、土地、水和动植物等，我国目前的资源税征税范围包括矿产品和盐两大类。2016年7月1日，我国实行资源税改革，征收方式由从量征收改为从价征收。计算公式如下。

应交资源税=应税产品销售额×适用税率

公式中的销售额，包括纳税人销售应税产品时向购买方收取的全部价款和价外费用，但不包括收取的增值税销项税额。其中，价外费用包括价外向购买方收取的手续费、补贴、基金、集资费、返还利润、奖励费、违约金、滞纳金、延期付款利息、赔偿金、代收代垫款项、包装费、包装物租金、储备费和运输装卸费等。适用税率一般在5%～10%之间。

【例】某石油开采企业本月销售原油150万吨，每吨销售价格为0.3万元，资源税适用税率为5%，该企业本月应纳资源税税额=1500000×0.3×5%=22500（万元）。

拓展学习 **3类矿产资源的税收优惠**

①对依法在建筑物下、铁路下或水体下，通过充填开采方式采出的矿产资源，资源税减征50%。

②对实际开采年限在15年以上的衰竭期矿山开采的矿产资源，资源税减征3%。

③对鼓励利用的低品位矿、废石、尾矿、废渣、废水和废气等提取的矿产品，由省级人民政府根据实际情况确定是否给予减税或免税。

随身查
财务人员必会的200个专业公式（案例版）

9

Search 收入与利润分配公式 🔍

　　企业的经营目的就是盈利，将企业经营获取的收益核算清楚，有利于管理者认清自身企业的发展现状和经营成果，做好利润的分配，处理好与股东的关系。在这一过程中会涉及一些收入和利润分配的计算公式，财会人员务必要掌握。

NO.156 "单位生产成本+合理利润"定价法

该方法又称为"成本加成定价法"，在使用这种定价法时，财会人员一般要考虑税费的问题，相关计算公式如下所示。

1.成本利润率定价

成本利润率=预测利润总额÷预测成本总额×100%

单位产品价格=单位成本×（1+成本利润率）÷（1-适用税率）

2.销售利润率定价

销售利润率=预测利润总额÷预测销售总额×100%

单位产品价格=单位成本÷（1-销售利润率-适用税率）

式中的单位成本指单位制造成本；适用税率为销售时用到的税率，一般是增值税或消费税的税率。

案例分析

考虑产品成本和利润，给产品制定销售价格

红枫制造公司生产一种产品，预计单位生产成本为80元，单位产品负担的期间费用为10元。已知行业平均成本利润率为25%，增值税税率为16%，求公司的单位产品价格。

单位成本=80（元）

单位产品价格=80×（1+25%）÷（1-16%）=119.05（元）

NO.157 保本点定价法

该方法是指按照刚好能够保本（既不盈利也不亏损）的原则制定的产品销售价格，此时确定出的产品价格是最低销售价格。计算公式如下。

产品最低销售价格=（单位固定成本+单位变动成本）÷（1-适用税率）

式中的适用税率一般为增值税或消费税的税率。

案例分析
用保本点定价法确定产品的最低销售价格

N公司生产某种小型电风扇，2018年6月计划销售量为10000件，应负担的固定成本总额为45万元，单位变动成本为20元，适用增值税税率为16%，运用保本点确定该产品的最低销售价格。

单位固定成本=450000÷10000=45（元）

电风扇的最低销售价格=（45+20）÷（1－16%）=77.38（元）

NO. 158 目标利润定价法

该方法是以企业在一定时期内预期的利润水平为目标，来确定单位产品价格。在使用时，要根据预期目标利润、产品销售量、产品成本和适用税率等因素来确定产品的销售价格。计算公式如下。

单位产品价格=（目标利润总额+完全成本总额）÷[产品销量×（1-适用税率）]

式中的完全成本总额指生产产品过程中所有成本、费用的总和，包括单位生产成本和单位期间费用，这就与"成本加成定价法"有区别，因为"成本加成定价法"中的单位成本不包含期间费用。相应地，成本利润率也就不同。该方法下还有其他计算公式，公式如下。

目标利润=（单位变动成本+单位固定成本）×预计销售量×成本利润率

单位产品价格=（单位变动成本+单位固定成本）×（1+成本利润率）÷（1-销售税率）

案例分析

合理确定产品的销售价格使其达到目标利润水平

S公司的主营业务是生产并销售服装，已知每月生产服装的固定成本为60万元，生产每件服装的变动成本为60元。2018年16月接到某经销商的服装订购申请，订购量为6000件。按照企业的年度计划，每月要实现利润7.2万元。适用增值税税率为16%，那么当月公司需要给这批服装定一个什么样的销售价格呢？

衣服的总变动成本=60×6000=360000（元）

单位产品价格=（72000+600000+360000）÷[6000×（1−16%）]=204.76（元）

或者：成本利润率=72000÷（600000+360000）×100%=7.5%

单位固定成本=600000÷6000=100（元）

单位产品价格=（60+100）×（1+7.5%）÷（1−16%）=207.23（元）

NO.159 变动成本定价法

变动成本定价法实际上是边际成本定价法（或边际贡献定价法），指企业每增加或减少生产一定数量的产品所应分担的成本。因为边际成本与变动成本相近，且变动成本的计算更容易一些，所以在定价实务中多用变动成本替代边际成本，计算公式如下所示。

单位产品价格=单位变动成本×（1+成本利润率）÷（1−适用税率）

案例分析

用变动成本定价法判断追加生产是否可行

以NO.158的案例为基础，S公司在2018年6月月底又接到经销商的追加订单，订单数量为3000件，单价为220元。已知生产一件衣服的变动成本为60元，成本利润率为7.5%，增值税税率为16%，那么S公司是否应该接受这份追加订单？

追加订单的单位产品价格=60×（1+7.5%）÷（1-16%）=76.79（元）

根据变动成本定价法计算出的追加订单的单位产品价格为76.79元，低于订单的单价220元，所以该份追加订单可以接受。

NO.160 需求价格弹性系数定价法

需求价格弹性简称价格弹性或需求弹性，指需求量对价格变动的反应程度，是需求量变化百分比与价格变化百分比之间的比值。而需求价格弹性系数是指在其他条件不变的情况下，某种产品的需求量随其价格的升降而变动的程度。计算公式如下。

单位产品的需求价格弹性系数=需求变动量÷基期需求量÷（价格变动量÷基期单位产品的价格）

单位产品价格=基期单位产品价格×基期销售数量$^{1/|Ed|}$÷预计销售数量$^{1/|Ed|}$

Ed表示单位产品的需求价格弹性系数；|Ed|表示单位产品的需求价格弹性系数的绝对值；1/|Ed|表示单位产品需求价格弹性系数的绝对值的倒数。

案例分析
掌握产品的需求价格弹性，预估产品的销售价格

如表9-1所示的是红枫制造公司2017年4个季度的产品实际销售价格和销售数量。如果要使公司在2018年第一季度完成65吨的销售任务，则需要将产品的销售价格制定成多少元/吨才行？计算时将前一季度的数据作为计算后一季度需求价格弹性的基期数据。

表 9-1

项目	第一季度	第二季度	第三季度	第四季度
销售价格（元）	10000	9900	10100	10500
销售数量（吨）	60	70	55	30

第二季度的Ed=（70−60）÷60÷[（9900−10000）÷10000]=−16.67

第三季度的Ed=（55−70）÷70÷[（10100−9900）÷9900]=−10.61

第四季度的Ed=（30−55）÷55÷[（10500−10100）÷10100]=−11.48

平均Ed=（−16.67−10.61−11.48）÷3=−12.92

平均|Ed|=12.92，平均1/|Ed|=1/12.92

2018年第一季度的销售价格=$10500 \times 30^{1/12.92} \div 65^{1/12.92}$=10500×（30÷65）$^{1/12.92}$=9890.07（元）

所以，该公司2018年第一季度要想实现65吨的销售任务，产品的销售价格可定为9890.07元/吨。

NO.161 现金折扣与商业折扣的计算区别

现金折扣即销售折扣，表示方式为：2/10，1/10，n/30等，即10天内付款，货款享受2%的折扣；20天内付款，货款享受1%的折扣；30天内付款不享受折扣。现金折扣发生在销货之后，所以折扣金额不得从销售额中扣除。销售收入的确认计算公式如下。

销售收入=全部销售价款（不扣除现金折扣金额）

商业折扣即薄利多销，表示方式为：多买折扣越多。比如，购买10件，货款享受10%的折扣；购买50件，货款享受20%的折扣等。商业折扣在实际销售的同时发生，所以折扣金额可以从销售额中扣除。销售收入的确认计算公式如下。

销售收入=全部销售价款-现金折扣金额

案例分析

计算不同折扣方式下的销售收入

某企业销售一批女士冬靴，共200双，售价共计30000元（不含税），规定的现金折扣为2/10，1/20，n/30。已知增值税税率为16%，鞋子已经从企业仓库中发出。在鞋子发出后的第16天，购买方向企业支付了货款。在这种情况下，企业应确认的销售收入是多少呢？

现金折扣金额=30000×1%=300（元）

由于是现金折扣，发生在销售行为以后，所以折扣金额不得从销售额中扣除，企业应确认的销售收入为30000元。

如果企业制定的是"买200双，货款折扣1%"这样的商业折扣，那么企业应确认的销售收入为：

销售收入=30000-30000×1%=29700（元）

拓展学习 **购买方放弃现金折扣的成本率**

购买方购买货物后，在卖方规定的折扣期内付款可享受折扣，但如果买方放弃在折扣期内付款，则需要付出放弃现金折扣的成本，通常用放弃现金折扣的成本率表示，计算公式如下。

放弃现金折扣的成本率=折扣百分比÷（1-折扣百分比）×360÷（正常付款期-折扣期）

式中，正常付款期一般指销售合同约定的付款期限，折扣期是指放弃的某种折扣对应的付款期。

例：某公司的现金折扣按"2/10，1/20，n/30"执行，购买方购入一批货物，双方约定的正常付款期为30天，该购买方决定在10天后20天内付款，则其放弃的是"2/10"这一折扣，所以，其放弃现金折扣的成本率=2%÷（1-2%）×360÷（30-10）=36.73%。

NO.162 剩余股利

剩余股利即企业经营利润在满足了公司的资金需求后剩下的利润盈余，即净利润首先满足公司的资金需求，如果还有剩余，就作为剩余利润给股东派发股利，如果没有剩余，则不派发股利。所以，剩余股利也称为分配股利或未分配利润，计算公式如下。

> 分配股利（剩余股利）=当年年初未分配利润+净利润-下一年投资方案所需的自有资金

案例分析

计算软件公司年底的剩余股利

某软件有限公司2017年实现净利润704万元，当年计提了70.4万元的盈余公积。已知2017年年初未分配利润为28.65万元，公司计划2018年增加投资，所需资金为600万元，其中的70%要靠自有资金供给，另外的30%向银行借款。那么，2017年年底的剩余股利有多少？

2018年的投资所需自有资金=600×70%=420（万元）

分配股利（剩余股利）=28.65+704-70.4-420=242.25（万元）

NO.163 应付股利

企业的应付股利指按协议规定应支付给投资者的利润，一般的计算公式如下。

> 应付股利=净利润-留存收益
>
> 式中，留存收益指企业从历年实现的利润中提取或形成的留存于企业的内部积累，即法定盈余公积和年初未分配利润。

应付股利是应付给投资者或股东的，但实际未付而暂时留在企业内的利润。从某种程度上来说也就是剩余股利。

案例分析

计算应计入"应付股利"账户的金额

T公司2017年主营业务收入为8000万元，主营业务成本为4000万元，其他业务收入为4万元，其他业务成本为2万元，营业外收入为20万元，营业外支出为40万元，期间费用共40万元。其中，管理费用为20万元，销售费用为10万元，财务费用为10万元。全年发生资产减值损失100万元，获得投资收益20万元，适用企业所得税税率25%。已知公司按照法律规定以净利润的10%提取法定盈余公积，以净利润的55%支付现金股利。那么，年底时，计入"应付股利"账户的金额有多少万元？

本年利润=8000-4000+4-2+20-40-40-100+20=3862（万元）

应纳税额=3862×25%=965.5（万元）

税后利润=3862-965.5=2896.5（万元）

提取法定盈余公积=2896.5×10%=289.65（万元）

应付股利=（2896.5-289.65）×55%=1433.77（万元）

如果企业当年年初还有未分配利润额，或者还有以前年度亏损没有弥补完全，则最终的净利润就不是2606.85万元（2896.5-289.65），相应地，应付股利也就不是1433.77万元。

NO.164 固定股利支付率

固定股利支付率是固定股利的支付标准，由固定股利支付率政策衍生得来。该政策指企业将每年的某一固定百分比作为股利派发给投资者或股东，这里的固定百分比就是固定股利支付率。这一政策适用于处于发展阶段且财务状况较稳定的公司。计算公式如下所示。

> 股利支付率=年度现金股利总额÷净利润总额
>
> 股利支付率=年度每股股利÷每股利润
>
> 　　企业以计算出的股利支付率作为派发股利的固定百分比，则此时的股利支付率就是固定股利支付率。

案例分析

大型钢铁制造公司的固定股利支付率

　　U公司是一家大型钢铁制造公司，公司的业绩一直很稳定，盈余的成长率保持在11%左右。2017年的税后利润有5000万元，当年发放股利共1250万元。2018年有一项投资，预计盈利可达到7000万元，而公司要投资4500万元，预计在2019年后会恢复11%的增长率。则公司可制定的固定股利支付率是多少？

　　2017年股利支付率=1250÷5000=25%

　　所以，公司可制定的固定股利支付率为25%。

　　2018年的投资应付股利=7000×25%=1750（万元）

　　如果公司采用剩余股利政策，且投资额4500万元中有60%需要自有资金支持，则：

　　2018年的投资应付股利=7000-4500×60%=4300（万元）

NO. 165 市盈率、每股净资产和市净率

　　市盈率又称"本益比"，是某种股票每股市价与每股盈利的比率，通常用来评估股价水平是否合理。

　　市净率是某种股票每股股价与每股净资产的比率，通常用来分析股票投

资的投资价值，市净率较低的股票，投资价值越高；反之投资价值越低。

每股净资产即每股账面价值，指企业期末净资产与期末发行在外的普通股股数之间的比率。相关计算公式如下。

> 市盈率=每股市价÷每股利润
>
> 市净率=每股市价÷每股净资产　　每股净资产=期末净资产÷期末发行在外的普通股股数

案例分析

计算公司投资股票的市盈率、每股净资产和市净率

红枫制造公司准备购买某公司的股票，并打算长期持有，要求达到12%的收益率。已知U公司每股股利为0.8元，且保持11%的增长率。2017年年末，公司每股市价为21.6元，每股收益为1.08元，期末股东权益（即净资产）为2772万元，而发行在外的普通股股数为1848万股。求红枫制造公司投资的该只股票的市盈率，每股净资产和市净率。

市盈率=21.6÷1.08=20

每股净资产=27720000÷18480000=1.5（元）

市净率=21.6÷1.5=14.4

NO.166 计算主营业务的利润

主营业务利润又称基本业务利润，通常情况下，该利润是利润总额的最主要组成部分，其比重是最高的。计算公式如下。

> 主营业务利润=主营业务收入-主营业务成本-主营业务税金及附加

主营业务利润没有减去销售费用、管理费用和财务费用等期间费用，所以还不能完整反映公司主营业务的盈利状况，只能反映主营业务利润受主营业务成本、税费、销售单价及销售数量变动的影响。

案例分析

计算增值税一般纳税人的主营业务利润

甲公司是增值税一般纳税人，适用增值税税率16%。2018年6月月底从某增值税一般纳税人企业购买主要原材料2吨，每吨不含税价格为8000元。甲公司用此原材料生产的产品每吨不含税的销售额为15000元，每吨产品的成本为10000元，当月售出8吨。求主营业务利润。

应交增值税=15000×8×16%-8000×2×16%=16640（元）

应交城建税=16640×7%=1164.8（元）

应交教育费附加和地方教育附加=16640×（3%+2%）=832（元）

主营业务利润=15000×8-10000×8-1164.8-832=38003.2（元）

NO. 167 核算营业利润

营业利润即销售利润，是企业在其全部销售业务中实现的利润，它包含主营业务利润。计算公式如下。

> 营业利润=主营业务利润+其他业务利润-销售费用-管理费用-财务费用-资产减值损失±公允价值变动收益+投资净收益
>
> 其他业务利润=其他业务收入-其他业务支出

【例】以NO.166中的案例为基础，如果甲公司2018年6月发生管理费用8000元，财务费用5000元，销售费用10000元，其他业务利润12000元，假设没有资产减值损失、公允价值变动和投资净收益，那么：

营业利润=38003.2+12000-8000-5000-10000=27003.2（元）

NO. 168 统计企业当期的利润总额

利润总额指企业或组织在生产经营过程中各种收入扣除各种费用、成本后的盈余数额，相关计算公式如下所示。

利润总额=营业利润+营业外收入-营业外支出

式中，营业外收入包括非流动资产处置利得、非货币性资产交换利得、出售无形资产收益、债务重组利得、企业合并损益、盘盈利得、因债权人原因确实无法支付的应付款项、政府补助、教育费附加返还款、罚款收入和捐赠利得等。营业外支出包括非流动资产处置损失、非货币性资产交换损失、债务重组损失、公益性捐赠支出、非常损失和盘亏损失等。

【例】以NO.167中的案例为基础，甲公司营业利润为27003.2元。如果甲公司2018年6月接受政府补助50000元，当月因为暴雨造成了原材料非常损失5000元，那么：

利润总额=27003.2+50000-5000=72003.2（元）

NO. 169 计算企业当期实现的净利润

净利润指从利润总额中按规定缴纳了企业所得税后的公司利润，也称为税后利润。计算公式如下。

净利润=利润总额-所得税费用=利润总额×（1-所得税税率）

【例】以NO.168中的案例为基础，甲公司2018年6月的利润总额为72003.2元。该公司适用企业所得税税率为25%，那么：

净利润=72003.2×（1-25%）=54002.4（元）

净利润是一个企业的最终经营成果，净利润越多，企业的经营效益越好；净利润越少，企业的经营效益越差。

NO. 170 提取法定盈余公积

法定盈余公积指企业按照自身经营的净利润和法定比例计提的盈余公积，而法定比例一般是净利润的10%。当企业的法定盈余公积累计金额达到企业注册资本的50%以上时，就可不用再计提盈余公积。计算公式如下所示。

法定盈余公积=净利润×10%

【例】以案例NO.169中的案例为基础，甲公司2018年6月的净利润为54002.4元，那么：

2018年6月应计提的法定盈余公积=54002.4×10%=5400.24（元）

NO. 171 核算当期已分配利润

已分配利润指已经用来弥补亏损、缴纳罚款和滞纳金、提取法定盈余公积和分配给投资者的利润，计算公式如下。

本年已分配利润=被没收财产损失+违反税法的滞纳金和罚款+弥补以前年度亏损+提取盈余公积+分配给投资者的利润

【例】以NO.170中的案例为基础，甲公司2018年6月应计提的法定盈余公积为5400.24元。假设公司当月需要弥补5月份账面亏损30000元，除此之外没有任何罚没损失，也没有向投资者分配利润，那么：

6月已分配利润=30000+5400.24=35400.24（元）

NO. 172 年末累计未分配利润的计算

未分配利润指企业没有进行分配的，在以后年度可继续进行分配的利润，在未分配之前，这样的利润属于所有者权益的组成部分。相关计算公式如下。

> 年末累计未分配利润=上年累计未分配利润+本年全年实现的净利润
> -本年已分配利润

未分配利润有两层含义：一是留待以后年度处理的利润；二是没有指明特定用途的利润。也就是说，当未分配利润表现为负数时，说明企业处于经营亏损状态。

案例分析

计算企业年末累计未分配利润

综合NO.166～171中的案例为基础，计算甲公司2018年上半年的累计未分配利润是多少？

因为2018年6月弥补了5月的账面亏损，说明6月初没有未分配利润，那么：

6月末累计未分配利润=0+54002.4-35400.24=18602.16（元）

如果2018年6月，该公司的法定盈余公积还差3500元就达到了注册资本的50%，那么，6月应计提的法定盈余公积=3500（元），此时：

6月已分配利润=30000+3500=33500（元）

6月末累计未分配利润=0+54002.4-33500=20502.4（元）

NO. 173 生产效益反映投入与产出的比例关系

生产效益即生产力效益，是指生产力因素消耗与经济成果之间的数量比例，也可理解为单位生产力消耗与获得的经济成果质量之间的数量比例。单位生产力消耗获得的经济成果质量好、数量多，则说明生产力效益高；反之生产力效益低。生产力效益是社会经济活动水平的集中体现，反映了社会经济关系和生产力水平。

$$生产效益=实际生产成本÷主营业务收入×100\%$$

【例】以NO.166中的案例为基础，已知甲公司2018年6月销售产品8吨，每吨15000元。该产品每吨的生产成本为10000元，由此可知：

$$该产品的生产效益=10000×8÷（15000×8）=66.67\%$$

拓展学习 *什么是生产效率*

生产效率指固定投入量下，实际产出与最大产出的比率。它可反映出达成最大产出、预定目标或最佳营运服务的程度，也可衡量经济个体在产出量、成本、收入或利润等目标下的绩效。计算公式如下。

生产效率=实际产量×标准工时÷[实际人力×（8-挡产工时+加班工时）]

式中，挡产工时表示因外部部门或受客观条件影响造成停线或返工的工时；加班工时表示为增加产量而延长的工作时间。

生产效率讲的是快慢，是速度，是实际产出与标准产出的比率；而生产效益讲的是效益，是产出与投入的比率。效率可低于100%，但效益如果低于100%，企业就很可能面临破产。

随身查

财务人员必会的200个专业公式（案例版）

10

Search 财务报表分析公式 🔍

在财会工作中，编制财务报表的工作起到总结和反思的作用。而对于具有一定能力的财会人员来说，仅仅是会制表还不够，还需要学会分析财务报表。在分析财务报表时必然会涉及一些常用的计算公式，掌握这些公式才能得出准确的分析结果。

....

NO.174 对比两期或连续数期财务报告中的相同指标

财会人员如果想要对比当期和前期或前几期的净利润情况，则需要使用比较分析法，以此来确定其增减变动的方向、数额和幅度，从而说明企业财务状况或经营成果变动趋势。相关计算公式如下所示。

定基动态比率=分析期数额÷固定基期数额×100%

环比动态比率=分析期数额÷前一期数额×100%

在利用比较分析法分析财务报表数据时，要注意以下几个事项：一是用于对比的各个时期的指标，其计算方式和口径必须一致；二是排除偶发事项的影响；三是要对某项有显著变化的指标进行重点分析，研究其显著变化的原因，以便采取对策。

案例分析
测算企业销售收入的变动趋势

以NO.160中的案例为基础，已知红枫制造公司2017年4个季度的销售收入如表10-1所示。

表 10-1

项目	第一季度	第二季度	第三季度	第四季度
销售价格（元）	10000	9900	10100	10500
销售数量（吨）	60	70	55	30
销售收入	600000	693000	555500	315000

①计算各季度的定基动态比率（以第一季度为基期）

第一季度定基动态比率=600000÷600000×100%=100%

第二季度定基动态比率=693000÷600000×100%=115.5%

第三季度定基动态比率=555500÷600000×100%=92.58%

第四季度定基动态比率=315000÷600000×100%=52.5%

②计算各季度的环比动态比率（以分析季度的前一季度为基期）

第二季度环比动态比率=693000÷600000×100%=115.5%

第三季度环比动态比率=555500÷693000×100%=80.16%

第四季度环比动态比率=315000÷555500×100%=56.71%

需要说明的是，由于表中没有给出2017年第一季度的前一个季度的数据，所以2017年第一季度无法计算环比动态比率。

NO. 175 财务报告的比率分析法

比率分析法是一种通过计算各种比率指标来确定财务活动变动程度的方法，相关计算公式如下。

> 构成比率=总体中的某个组成部分的数值÷总体数值×100%
>
> 效率比率=支付的费用或成本÷所得或收入×100%

注意，在使用比率分析法时，进行对比的项目之间要有相关性，对比口径要一致，并且衡量标准要科学严谨。

【例】某公司2017年全部资产的平均余额为4140万元，其中，流动资产的平均余额为1656万元。那么：

2017年流动资产的资产结构=1656÷4140×100%=40%

该案例中的资产结构属于比率分析法中的结构比率，是指各种资产占企业总资产的比重，在会计实务中一般指固定投资、证券投资和流动资金的投放比例。而第九章NO.173涉及的生产效益和生产效率就是比率分析法中的效率比率。

NO. 176 计算营运资金

营运资金也叫营运资本，是一个企业投放在流动资产上的资金。具体包括应收账款、存货、其他应收款、应付票据、预收票据和其他应付款等占用的资金。狭义的营运资金指某时点内企业的流动资产超过流动负债的部分，因此，计算公式如下所示。

营运资金=流动资产-流动负债
　　　　=总资产-非流动资产-（总资产-所有者权益-非流动负债）
　　　　=所有者权益+非流动负债-非流动资产
　　　　=长期资本-长期资产

案例分析

根据资产负债表核算营运资金

T公司2017年的资产负债表部分内容如表10-2所示。

表 10-2

资产负债表（部分）

编制单位：T公司　　　　　　2017年12月31日　　　　　　单位：万元

资产	年末数	年初数	负债和所有者权益（或股东权益）	年末数	年初数
流动资产：	–	–	流动负债：	–	–
货币资金	130	67.5	……	……	……
以公允价值计量且变动计入当期损益的金融资产	20	35	流动负债合计	820	620
应收账款	1000	502.5	非流动负债：		
应收票据	25	32.5	……	……	……
……	……	……	非流动负债合计	1915	1465
流动资产合计	1795	1565	负债合计	2735	2085
非流动资产：			所有者权益：		
……	……	……	……	……	……
非流动资产合计	3305	2735	所有者权益合计	2365	2215
资产合计	5100	4300	负债和所有者权益合计	5100	4300

T公司2017年营运资金=1795-820=975（万元）

或：2017年营运资金=5100-3305-（5100-2365-1915）=975（万元）

或：2017年营运资金=2365+1915-3305=975（万元）

如果企业的资产合计与负债和所有者权益合计不相等，则上述3种方法计算出的结果可能不同，比如假设该公司2017年年末的负债合计为2735万元，但所有者权益合计不是2365万元而是2370万元，则负债和所有者权益合计就为5105万元。则：

2017年营运资金=1795-820=975（万元）

2017年营运资金=5105-3305-（5105-2370-1915）=980（万元）

2017年营运资金=2370+1915-3305=980（万元）

由案例可知，在计算企业当年的营运资金时，要保证借鉴的资产负债表中的数据正确，尤其是资产合计与负债和所有者权益合计要相等。

NO. 177 流动比率

流动比率是企业流动资产与流动负债的比值，用来衡量企业流动资产在短期债务到期前可变现偿还负债的能力，计算公式如下。

流动比率=流动资产÷流动负债

流动比率越大，说明企业资产的变现能力越强，短期偿债能力也就越强；反之，短期偿债能力越弱。一般来说，企业合理的流动比率应在2:1以上，表示流动资产是流动负债的两倍，即使流动资产在短期内不能变现，也能保证所有流动负债可以得到偿还。

企业计算出的流动比率不能单纯地判断出是高还是低，只有与同行业平均流动比率相比较，或者与本企业历史流动比率相比较，才能知道计算出的流动比率的高低。

判断企业的流动比率的高低

以NO.176中的案例为基础，已知2017年T公司所处的行业平均流动比率为2.5:1，判断T公司的流动比率是高还是低。

2017年T公司的流动比率=1795÷820=2.19＜2.5

所以，2017年T公司的流动比率高于一般水平，可有效保证企业能够及时偿还短期负债。但流动比率小于行业平均水平，企业还需加强流动资产的运用能力。

NO. 178 速动比率

速动比率指速动资产与流动负债的比率，其中，速动资产指可以在较短时间内变现的资产，包括货币资金、以公允价值计量且其变动计入当期损益的金融资产、各种应收和预付款项等。而其他的流动资产如存货、长期待摊费用和一年内到期的非流动资产等，属于流动资产但不属于速动资产。速动比率的计算公式如下所示。

> 速动比率=速动资产÷流动负债
>
> 速动资产=货币资金+短期投资+应收账款+应收票据
> 　　　　=流动资产-存货-预付账款-长期待摊费用-待处理流动资产损失

与流动比率一样，速动比率越大，说明企业资产变现能力越强，短期偿债能力也就越强；反之，短期偿债能力越弱。但比率并不是越大越好，速动比率太大，表明企业没有很好地利用财务杠杆的作用，减小了资金的使用效率。所以应该使速动比率与流动比率维持在不使货币资金闲置的水平。

【例】以NO.176中的案例为基础，计算2017年T公司的速动比率。

2017年T公司的速动资产=130+20+1000+25=1175（万元）

2017年T公司的速动比率=1175÷820=1.43

NO. 179 现金比率

现金比率指现金及现金等价物的总额与流动负债的比率，用来衡量企业资产的流动性强弱，计算公式如下。

现金比率=现金及现金等价物÷流动负债

现金及现金等价物=货币资金+以公允价值计量且其变动计入当期损益的金融资产

利用速动资产扣除应收账款和应收票据后计算出的金额，最能反映企业直接偿付流动负债的能力。现金比率一般在20%以上才好，但比率过高就会降低现金的使用效率和获利能力。

案例分析

通过现金比率判断企业直接偿付流动负债的能力

以NO.176～178中的案例为基础，可对表中的数据进行相关计算，得出相应结果，具体如下。

2017年T公司的现金及现金等价物=130+20=150（万元）

或：2017年T公司的现金及现金等价物=1175-1000-25=150（万元）

2017年T公司的现金比率=150÷820=18.29%＜20%

企业速动比率和流动比率都符合一般情况，但现金比率反映出企业直接偿付流动负债的能力低于一般情况，说明应收账款和应收票据占用金额过多。所以，T公司急需减少应收账款和应收票据占用的资金。

NO. 180 现金流量比率

现金流量比率是企业经营活动产生的现金流量净额与流动负债的比值，计算公式如下所示。

> 现金流量比率=经营活动产生的现金流量净额÷流动负债
>
> 经营活动产生的现金流量净额=经营活动现金流入合计-经营活动现金流出合计

现金流量比率也反映企业的短期偿债能力，与现金比率相比，现金流量比率是从动态角度反映企业当期经营活动中，用产生的现金流量净额偿付流动资产的能力，该比率也不宜太高。

案例分析
依据现金流量表计算现金流量比率

以NO.176～179中的案例为基础，流动负债为820万元，已知T公司2017年12月末编制的现金流量表的部分内容如表10-3所示。

表 10-3

现金流量表（部分）

编制单位：T公司　　　　　　　2017年12月　　　　　　　单位：万元

项　　目	行次	本年累计金额	本月金额
一、经营活动产生的现金流量	1	–	–
销售产成品、商品、提供劳务收到的现金	2	3000	250
……	……	……	……
经营活动现金流入合计	7	3030	280
购买商品、接受劳务支付的现金	8	1920	160
……	……	……	……
经营活动现金流出合计	14	1970	210
经营活动产生的现金流量净额	15	1060	70

2017年T公司的现金流量比率=1060÷820=1.29

NO. 181 资产负债率

资产负债率是财会人员分析财务报表时最常使用的指标，也称为举债经营比率，用来衡量企业利用债权人提供的资金进行经营活动的能力，以及反映债权人发放贷款的安全程度。相关计算公式如下所示。

资产负债率=负债总额÷资产总额×100%

资产负债率越低，说明企业的资产远高于负债，偿债能力较强，风险较小，经营会比较稳定，对于举债行为的态度比较慎重而保守；反之，偿债能力较弱，风险较大，经营变动较大，对于举债行为的态度较积极。但是，资产负债率一般小于100%，因为一旦资产负债率达到或超过100%，就说明企业已经没有净资产，甚至资不抵债，可能面临破产。

【例】以NO.176中的案例为基础，已知T公司2017年末的资产合计为5100万元，负债合计为2735万元，那么：

2017年T公司的资产负债率=2735÷5100×100%=53.63%

NO. 182 股东权益比率与权益乘数

股东权益比率也称为自有资本比率或净资产比率，是股东权益与资产总额的比率，反映企业资产中有多少是所有者投入的。权益乘数是股东权益比率的倒数，计算公式如下。

股东权益比率=股东权益总额÷资产总额×100%

股东权益总额=资产总额-负债总额

权益乘数=1÷股东权益比率=资产总额÷股东权益总额

一般情况下，股东权益总额=所有者权益总额。

股东权益比率与资产负债率之和为1，所以，这两个比率是从不同的侧面反映企业的财务状况。股东权益比率越大，负债比率就越小，企业的财务风险也就越小，偿还长期债务的能力就越强；反之，偿还长期债务的能力就越弱。

案例分析
计算企业的股东权益比率和权益乘数

以NO.176中的案例为基础，已知T公司2017年末的所有者权益合计为2365万元，资产合计为5100元，那么：

2017年T公司的股东权益比率=2365÷5100×100%=46.37%

资产负债率与股东权益比率之和=53.63%+46.37%=100%=1

2017年T公司的权益乘数=1÷46.37%=5100÷2365×100%=2.16

NO.183 产权比率

产权比率是负债总额与所有者权益总额的比值，用来评估资金结构的合理性，一般可反映股东所持股权是否过多，或者尚不够充分等情况，计算公式如下所示。

产权比率=负债总额÷所有者权益总额×100%

产权比率反映自有资金偿还全部债务的能力，因此，该比率可用来衡量企业负债经营是否安全有利。产权比率越低，表明企业长期偿债能力越强，债权人的权益保障程度越高，风险越小；反之，长期偿债能力越弱，风险越大。一般来说，产权比率在100%以下表明有偿债能力。

当企业的资产收益率高于负债成本率，则负债经营有利于提高资金收益率，进而获得额外利润，这时的产权比率可适当高一些。所以，产权比率高，企业财务结构为高风险、高报酬；产权比率低，企业财务结构为低风险、低报酬。

【例】以NO.176中的案例为基础，已知T公司2017年末的负债合计为2735万元，所有者权益合计为2365万元，那么：

2017年T公司的产权比率=2735÷2365×100%=1.16

NO. 184 偿债保障比率

偿债保障比率也称债务偿还期，是负债总额与经营活动产生的现金流量净额的比值，计算公式如下。

> 偿债保障比率=负债总额÷经营活动产生的现金流量净额

一般来说，偿债保障比率越低，说明企业通过经营活动所获得的现金偿还债务的能力越强；反之，企业通过经营活动所获得的现金偿还债务的能力越弱。

案例分析
判断企业通过经营活动所获现金偿还债务的能力强弱

以NO.176和NO.180中的案例为基础，已知T公司2017年末负债合计为2735万元，经营活动产生的现金流量净额为1060万元，那么：

2017年T公司的偿债保障比率=2735÷1060=2.58

若T公司所处行业当年平均偿债保障比率为2.35，说明T公司2017年的偿债保障比率较高，通过经营活动所获得的现金偿还债务能力较强。

NO. 185 利息保障倍数与现金利息保障倍数

利息保障倍数也称已获利息倍数，是企业税前利润加利息费用之和与利息费用的比值，用来衡量企业支付负债利息的能力。而现金利息保障倍数是在利息保障倍数的基础上，考虑现金与利息之间的关系。相关计算公式如下所示。

利息保障倍数=（税前利润+利息费用）÷利息费用

现金利息保障倍数=（经营活动产生的现金流量净额+现金利息支出+付现所得税）÷现金利息支出

式中，"税前利润+利息费用"表示息税前利润；付现所得税表示当期用现金支付的所得税。

利息保障倍数越大，说明企业偿还债务利息的能力越强；反之，偿还债务利息的能力越弱。同理，现金利息保障倍数越大，说明企业通过现金偿还债务利息的能力越强；反之，能力越弱。从长远角度看，企业的利息保障倍数至少大于1，否则企业不适合举债经营。从短期角度看，企业的利息保障倍数可能小于1，但支付利息费用可能不存在问题，这是因为有些费用在当期不需要支付现金，比如固定资产折旧。

案例分析

依据利润表计算利息保障倍数和现金利息保障倍数

T公司2017年利润表的部分内容如表10-4所示。

表 10-4

利润表（部分）

编制单位：T公司　　　　　　　2017年12月31日　　　　　　　单位：万元

项　　目	本年金额	上年金额
一、营业收入	7505	7130
减：营业成本	6615	6262.5
……	……	……
财务费用	280	245
加：公允价值变动损益	55	95
……	……	……

续表

项 目	本年金额	上年金额
三、利润总额	490	577.5
减：所得税	165	192.5
四、净利润	325	385

如果表中的财务费用全部是利息费用，则资本化利息为0。那么：

2017年T公司的利息保障倍数=（490+280）÷280=2.75

以NO.180中的案例为基础，公司经营活动产生的现金流量净额为1060万元。如果当年公司的现金利息支出为140万元，付现所得税为82.5万元，那么：

2017年T公司的现金利息保障倍数=（1060+140+82.5）÷140=9.16

NO.186 流动资产周转率

流动资产周转率指企业一定时期内营业收入与流动资产平均余额的比值，反映企业全部流动资产的利用效率。计算公式如下。

流动资产周转率（次数）=营业收入÷流动资产平均余额×100%

流动资产平均余额=（期初流动资产余额+期末流动资产余额）÷2

流动资产周转天数=360÷流动资产周转率

流动资产周转率（次数）公式的计算结果可能是比率，也可能是次数。一般来说，流动资产周转率越高，说明企业流动资产周转速度越快；反之，流动资产周转速度越慢。

案例分析

通过计算流动资产周转率得出流动资产周转天数

以NO.176和NO.185中的案例为基础，已知T公司2017年的营业收入为7505万元，期初流动资产余额为1565万元，期末流动资产余额为1795万元，那么T公司2017年的流动资产周转率和周转天数分别是多少？

流动资产周转率=7505÷[（1565+1795）÷2]=4（次）

流动资产周转天数=360÷4.47=80.54（天）

NO. 187 固定资产周转率

固定资产周转率指企业一定时期内营业收入与固定资产净值的比值，反映企业全部固定资产的利用效率。计算公式如下。

固定资产周转率（次数）=营业收入÷固定资产平均净值×100%

固定资产平均净值=（期初固定资产净值+期末固定资产净值）÷2

固定资产周转天数=360÷固定资产周转率

固定资产周转率越高，说明企业固定资产的投资合理，利用效率高；反之，固定资产的投资不合理，利用效率不高。

【例】已知T公司2017年初固定资产净值为2387.5万元，年末固定资产净值为3095万元，当年营业收入为7505万元，那么：

固定资产周转率=7505÷[（2387.5+3095）÷2]=2.74（次）

固定资产周转天数=360÷2.74=131.39（天）

NO. 188 总资产周转率

总资产周转率指企业一定时期内的营业收入与平均资产总额的比值，反映资产投资规模与销售水平之间的配比情况，一般用来衡量资产管理效率。相关计算公式如下所示。

总资产周转率（次数）=营业收入÷资产平均总额×100%

资产平均总额=（期初资产总额+期末资产总额）÷2

总资产周转天数=360÷总资产周转率

【例】以NO.176中的案例为基础，T公司2017年年初资产总额为4300万元，年末资产总额为5100万元，当年营业收入为7505万元，那么：

总资产周转率=7505÷[（4300+5100）÷2]=1.60（次）

总资产周转天数=360÷1.60=225（天）

NO.189 销售利润率

销售利润率指企业利润与销售额之间的比率，反映销售收入的收益水平，即每1元销售收入对应的利润。在实际计算过程中，销售利润率分为销售毛利率和销售净利率。相关计算公式如下所示。

销售毛利率=（营业收入-营业成本）÷营业收入×100%

销售净利率=净利润÷营业收入×100%

销售毛利率越大，说明在营业收入中营业成本所占比例越小，企业通过销售获取利润的能力越强；反之，通过销售获取利润的能力越弱。

【例】以NO.185中的案例为基础，已知T公司2017年全年的营业收入为7505万元，营业成本为6615万元，净利润为325万元，那么：

2017年T公司的销售毛利率=（7505-6615）÷7505×100%=11.86%

2017年T公司的销售净利率=325÷7505×100%=4.33%

NO. 190 销售增长率

销售增长率是企业当年营业收入增长额与上一年营业收入总额的比值，它反映企业营业收入的变化情况，用来评价企业的成长性和市场竞争力，计算公式如下。

> 销售增长率=本年营业收入增长额÷上一年营业收入总额×100%

该比率大于0，说明企业当年营业收入增加；反之，当年营业收入减少。比率越高，说明企业营业收入的成长性越好，企业的发展能力越强；比率越低，说明企业营业收入的成长性越差，发展能力越弱。

【例】以NO.185中的案例为基础，已知2017年的营业收入为7505万元，而上一年（即2016年）的营业收入为7130万元，那么：

2017年T公司的销售增长率=（7505-7130）÷7130×100%=5.26%

NO. 191 总资产增长率

总资产增长率指企业当年总资产增长额与同年年初资产总额的比值，反映了企业当年资产规模的增长情况，计算公式如下所示。

> 总资产增长率=本年总资产增长额÷年初资产总额×100%

一般来说，总资产增长率越高，说明企业资产规模增长的速度越快，竞争力越强；反之，资产规模增长的速度越慢，竞争力越弱。在实际分析企业资产数量增长的同时，要注意分析资产的质量变化。

【例】以NO.176中的案例为基础，已知T公司2017年年初的资产总额为4300万元，年末资产总额为5100万元，那么：

2017年T公司的总资产增长率=（5100-4300）÷4300×100%=18.60%

NO.192 股权资本增长率

股权资本增长率也称净资产增长率或资本累积率，指企业当年股东权益增长额与同年年初股东权益总额的比值，反映企业当年股东权益的变化情况，用来评价企业的发展潜力，计算公式如下。

> 股权资本增长率=本年股东权益增长额÷年初股东权益总额×100%

股权资本增长率越高，说明企业资本积累能力越强，发展能力也就越好；反之，资本积累能力越弱，发展能力越差。如果比率为负数，说明股东权益在减少，企业经营可能出现了较大的问题。

【例】以NO.176中的案例为基础，已知T公司2017年年初的所有者权益总额为2215万元，年末总额为2365万元，那么：

2017年T公司的股权资本增长率=（2365-2215）÷2215×100%=6.77%

NO.193 利润增长率

利润增长率指企业当年利润增长额与上一年利润金额的比值，可分为营业利润增长率和净利润增长率。相关计算公式如下所示。

> 营业利润增长率=本年营业利润增长额÷上一年营业利润总额×100%
>
> 本年营业利润增长额=本年营业利润-上一年营业利润
>
> 净利润增长率=本年净利润增长额÷上一年净利润总额×100%
>
> 本年净利润增长额=本年净利润-上一年净利润

无论是营业利润增长率，还是净利润增长率，利润增长率越大，说明企业的利润成长性越好，发展能力越强；反之，发展能力越弱。

案例分析
计算企业的营业利润增长率和净利润增长率

以NO.185中的案例为基础，已知T公司2017年的营业收入为7505万元，营业成本为6615万元，净利润为325万元。而上一年（2016年）的营业收入为7130万元，营业成本为6262.5万元，净利润为385万元，相关计算过程如下。

2017年T公司的营业利润增长率=[（7505-6615）-（7130-6262.5）]÷（7130-6262.5）×100%=2.59%

2017年T公司的净利润增长率=（325-385）÷385×100%=-15.58%

由此可知，公司的营业利润增长，并不代表净利润也在增长。T公司2017年的净利润在减少。

拓展学习 **营业利润率即销售毛利率**

营业利润率指企业的营业利润与营业收入的比值，用来衡量企业经营效率，计算公式如下。

营业利润率=本年营业利润÷本年营业收入总额×100%

在NO.189中，销售毛利率=（营业收入-营业成本）÷营业收入×100%，其中，营业收入-营业成本=营业利润。

所以，营业利润率即销售毛利率。

NO.194 成本费用利润率

成本费用利润率指企业一定时期内的利润总额与成本、费用总额的比值，表明每付出1元的成本费用可获得多少利润，体现了经营耗费所带来的经营成果。成本费用利润率可分为成本费用营业利润率和成本费用净利润率，相关计算公式如下所示。

> 成本费用营业利润率＝本年营业利润÷本年成本费用总额×100%
>
> 成本费用净利润率＝本年净利润÷本年成本费用总额×100%
>
> 本年成本费用总额＝营业成本+税金及附加+销售费用+管理费用+财务费用

无论是成本费用营业利润率，还是成本费用净利润率，成本费用利润率越高，说明单位成本费用带来的利润越多，企业的经济效益越好；反之，单位成本费用带来的利润越少，企业的经济效益越差。

案例分析

计算企业的成本费用营业利润率和成本费用净利润率

以NO.185和NO.193中的案例为基础，已知T公司2017年的营业利润为890万元（7505-6615），净利润为325万元，财务费用为280万元。如果企业当年发生的税金及附加为75万元，销售费用为60万元，管理费用为120万元，则相关计算结果如下。

2017年T公司的成本费用总额＝6615+75+60+120+280=7150（万元）

2017年T公司的成本费用营业利润率＝890÷7150×100%=12.45%

2017年T公司的成本费用净利润率＝325÷7150×100%=4.55%

NO. 195 总资产净利率与净资产收益率

总资产净利率指企业净利润与平均资产总额的比值，也称为资产报酬率，反映每1元资产创造的净利润。净资产收益率又称股东权益报酬率，是净利润与平均所有者权益的比值，反映每1元股东资本赚取的净利润，反映资本经营的盈利能力。相关计算公式如下所示。

总资产净利率=净利润÷资产平均总额×100%

　　　　　=净利润÷营业收入×（营业收入÷资产平均总额）

　　　　　=销售净利率×总资产周转率

净资产收益率=净利润÷所有者权益平均总额×100%

　　　　　=净利润÷资产平均总额×（资产平均总额÷所有者权益平均总额）

　　　　　=总资产净利率×权益乘数

　　总资产净利率越高，说明企业资产的盈利能力越强；反之，资产的盈利能力越弱。净资产收益率越高，说明企业所有者权益的获利能力越强；反之，说明企业所有者权益的获利能力越弱。

案例分析
计算企业的总资产净利率和净资产收益率

　　以NO.182、NO.188和NO.189中的案例为基础，已知T公司2017年的销售净利率为4.33%，总资产周转率为1.6，权益乘数为2.16，净利润为235万元，资产平均总额为4700万元，所有者权益年初总额为2215万元，年末总额为2365万元。计算T公司的总资产净利率和净资产收益率。

　　2017年T公司的总资产净利率=235÷4700×100%=5%

　　2017年T公司的净资产收益率=235÷[（2215+2365）÷2]=10.26%

NO.196 盈利现金比率

　　盈利现金比率指企业当期经营活动产生的现金流量净额与净利润的比值，计算公式如下。

盈利现金比率=经营活动产生的现金流量净额÷净利润×100%

一般情况下，该比率越大，企业盈利能力就越强。当比率小于100%时，说明企业当期净利润中还存在没有实现的现金收入，在这种状况下，即使企业盈利，也可能发生现金短缺，严重时会导致破产。

除此之外，如果企业当期经营活动产生的现金流量净额和净利润均为负数，则比率越大盈利能力越强的说法不再适用，产生这种状况的原因可能是企业有大规模的经营购买支付活动，或是企业的经营状况出现问题，也或者是整个行业的问题。

【例】以NO.180和NO.185中的案例为基础，已知T公司2017年经营活动产生的现金流量净额为1060万元，净利润为325万元，那么：

盈利现金比率=1060÷325×100%=326.15%

NO. 197 销售现金比率

销售现金比率指经营活动产生的现金流量净额与销售额的比值，反映企业销售质量的高低，与企业的赊销政策有关。计算公式如下。

销售现金比率=经营活动产生的现金流量净额÷营业收入×100%

式中，营业收入要包括向购买者收取的增值税销项税额，即含税营业收入。

销售现金比率越大，说明企业的营业收入质量越好，即出现收入收不回来的可能性较小，资金的利用效果越好；反之，营业收入质量越差，收入收不回来的可能性较大，资金的利用效果越差。

【例】以NO.180和NO.185中的案例为基础，已知T公司2017年全年的营业收入为7505万元，经营活动产生的现金流量净额为1060万元，那么：

销售现金比率=1060÷7505×100%=14.12%

NO.198 每股营业现金净流量

每股营业现金净流量简称每股现金流量，指企业当期经营活动产生的现金流量净额与普通股股数的比值，反映企业最大的分派股利，超过这一限度，表明企业很可能要借款分红。相关计算公式如下所示。

> 每股营业现金净流量=经营活动产生的现金流量金额÷普通股股数

每股营业现金净流量为正数且比值较大，派发的现金红利的期望值就越大；如果比值为负数，则派发现金红利的压力就越大。

案例分析

计算企业的每股营业现金净流量

以NO.180中的案例为基础，已知T公司2017年经营活动产生的现金流量净额为1060万元。假设公司年末时统计当年发行的普通股股数为100万股，则企业的每股营业现金净流量是多少呢？

每股营业现金净流量=1060÷100=10.6（元/股）

也就是说，T公司发行的普通股每股对应的营业现金净流量为10.6元，如果后期每股对应的营业现金净流量低于10.6元，则分派股利会存在问题，发放现金红利会有一定压力。

NO.199 全部资产现金回收率

全部资产现金回收率指经营活动产生的现金流量净额与全部资产的比值，用来考量企业全部资产产生现金的能力，计算公式如下。

全部资产现金回收率=经营活动产生的现金流量净额÷资产平均
　　　　　　　　总额×100%

资产平均总额=（期初资产总额+期末资产总额）÷2

全部资产现金回收率的比值越大越好。比值越大，说明企业利用资产创造的现金流入越多，整个企业获取现金的能力越强，经营管理水平越高；反之，经营管理水平越低。在判断企业的全部资产现金回收率是高还是低时，要与同行业的全部资产现金回收率的平均水平相对比。

案例分析
判断企业的全部资产现金回收率的高低

以NO.176和NO.180中的案例为基础，已知T公司2017年经营活动产生的现金流量净额为1060万元，年初资产总额为4300万元，年末资产总额为5100万元，当年T公司所处的行业平均全部资产现金回收率为25%，那么，T公司的全部资产现金回收率是高还是低？

全部资产现金回收率=1060÷[（4300+5100）÷2]=22.55%＜25%

由此可知，T公司2017年的全部资产现金回收率低于同行业平均水平，企业后期应提高现金回收率。

NO. 200 强制性现金支付比率

强制性现金支付比率指现金流入总量与经营活动现金流出量和偿还到期本息付现额之和的比值，反映企业是否有足够的现金履行其偿还债务和支付经营费用等责任。计算公式如下。

强制性现金支付比率=现金流入总量÷（经营活动现金流出量+偿还
到期本息的付现金额）

式中，现金流入总量表示经营活动、投资活动和筹资活动的现金
流入总量；偿还到期本息的付现金额指生产经营活动中必须支付的本
金和利息等现金。

比率远大于1，说明企业创造的现金流入量足以支付必要的经营和债务本息支出，不会出现资不抵债的情形；反之，比率小于1，说明企业创造的现金流入量不足以支付必要的经营和债务本息支出，企业可能面临还不起债的困境。

【例】V公司2017年的现金流入总量为5340万元，而经营活动现金流出量为2280万元，偿还到期本息的付现金额为112万元，那么：

V公司的强制性现金支付比率=5340÷（2280+112）=2.23